W0038932

Dieses Buch gehört:

Über die Autorin

Chrystal Evans Hurst spricht auf Konferenzen, teilt ihre Gedanken und Erlebnisse auf ihrem Blog (Chrystal's Chronicles), schreibt für die von Lysa TerKeurst gegründete Organisation *Proverbs 31 Ministries* und lehrt und leitet Frauen auch in ihrer Heimatgemeinde.

Sie und ihr Mann Jessie haben fünf Kinder. Die Familie lebt am Rand von Dallas, Texas.

Chrystal Evans Hurst

MEHR von dir

28 Tage im Gespräch mit Gott

Kreative Ideen für mehr geistlichen Tiefgang

Aus dem Englischen von Elke Wiemer

GerthMedien

Für meine Cousine Clarise

Wenn ich an die kraftvollen Gebete denke,
die Großmutter Eleen und Tante Elizabeth für uns alle
gebetet haben, dann muss ich auch an dich denken.
Für dich war Gebet immer das Wichtigste –
und das erinnert mich daran, es genauso zu machen.

Inhalt

Einleitung 9

Woche 1 13
Woche 2 67
Woche 3 121
Woche 4 175

Stelle deinen eigenen Gebetsplan auf 224
Gebetsvorschläge 227
Anregungen für den Lobpreis 238
Bücher zum Thema „Gebet" 249
Danksagung 251

Einleitung

Vor ein paar Jahren beschloss ich, auf meinem Instagram-Account eine vierwöchige Gebets-Challenge zu machen. Ich hatte ein schlechtes Gewissen, weil ich meiner Meinung nach nicht regelmäßig und intensiv genug betete, und dachte, ich könnte ja mal 28 Tage lang Ideen fürs Gebet online stellen. Einerseits wollte ich mich damit selbst motivieren, andererseits wollte ich aber auch andere einladen mitzumachen.

Ich kannte zwar das grundsätzliche Gebetsschema, das Jesus uns gezeigt hat (und das wir im 6. Kapitel des Matthäusevangeliums finden: das Vaterunser), aber ich erstellte während dieser Challenge jeden Tag neue Inhalte. Jedes Mal, wenn ich darüber nachdachte, worüber ich mal mit Gott sprechen könnte oder sollte, teilte ich meine Gedanken mit anderen und ermutigte sie, sich mir anzuschließen.

Ehrlich gesagt hätte ich nicht gedacht, dass mir das Ganze 28 Tage lang gelingen würde.

Ich hatte Angst, dass ich es nicht schaffen und mich selbst und alle, die die Aktion gemeinsam mit mir durchzogen, enttäuschen würde.

Aber das passierte nicht. Ich zog die Challenge durch und entfachte damit neues Feuer in meinem Gebetsleben.

Die Vorstellung, Tag für Tag bewusst und zielgerichtet zu beten, kam mir durch die Aktion weniger gewaltig vor. Ich schaffte es, weil mir ein Tag nach dem anderen machbar erschien.

Dieses Buch ist aus der Challenge hervorgegangen und ich habe es mit der gleichen Zielsetzung geschrieben: Ich möchte, dass du dir bewusst vornimmst zu beten, aber das Ganze soll dir gleichzeitig machbar erscheinen.

Und wenn du mal einen Tag (oder auch mehrere) auslässt, ist das nicht schlimm. Das ging mir, weiß Gott, genauso. Aber gib nicht auf. Mach dort weiter, wo du aufgehört hast. Achte nicht darauf, welcher Wochentag gerade ist, sondern bete weiter. Mach immer weiter. Es muss ja nicht perfekt sein. Wende dich einfach an Gott und sprich mit ihm – und mach dir dabei bewusst, dass er mit dir sprechen möchte.

Dieses Buch bietet drei Ideen pro Tag – für morgens, mittags und abends. In den ersten vier Tagen der Woche beschäftigen wir uns mit den vier Grundpfeilern des Gebets:

1. *Montag: Lob und Dank* (Gott unsere Dankbarkeit bringen)
2. *Dienstag: Umkehr* (Gott um Vergebung bitten)
3. *Mittwoch: Bitten* (unsere Anliegen vor Gott bringen)
4. *Donnerstag: Hingabe* (alles in Gottes Hand legen)

Wir werden zwar die ganze Woche über auch für andere beten, aber an den letzten drei Tagen der Woche werden wir unseren Blick bewusst von uns selbst wegrichten – auf unsere Familie, unsere Freunde, unsere Gemeinde, die Welt.

5. *Freitag: Familie und Freunde*
6. *Samstag: Samstags-Challenge*
7. *Sonntag: Sabbat-Gebet*

Ich werde dich beim Gebet sanft durch jeden dieser Grundsätze führen, damit du verstehst, worum es dabei geht, und intensiv darüber nachdenken kannst. Und dann werde ich am Ende alles langsam, aber sicher zusammenfügen.

Dabei ist es hilfreich, wenn du dieses Buch 28 Tage griffbereit hast. Wirf am besten dreimal am Tag einen Blick hinein, und erinnere dich daran, jeden Morgen, Mittag und Abend mit Gott zu sprechen.

Wenn du das Gefühl hast, dass du es vergessen könntest, dann schlag es doch einfach immer dann auf, wenn du etwas isst. Oder stell dir den Wecker an deiner Uhr oder am Handy (aber schalte ihn erst ab, wenn du einen Abschnitt aus dem Buch gelesen hast!).

Nachdem ich diese 28-tägige Reise zweimal gemacht habe, bin ich mir einer Sache ganz sicher: Mit Ruhe und Zielstrebigkeit kommt man am weitesten. Diese Methode wird dir helfen, dir neue Gewohnheiten anzueignen, wenn du dich während der nächsten vier Wochen Tag für Tag daran orientierst.

Ich bete dafür, dass sich deine Beziehung zu Gott vertieft, wenn du Zeit in seiner Gegenwart verbringst.

Es ist möglich. Woher ich das weiß? Weil ich es selbst erlebt habe.

Woche 1

Tag 1: Montag

Lob und Dank

Gott dafür danken und loben, wie er uns verändert

Morgenandacht

Manchmal kommen wir mit einer langen Liste von Anliegen zu Gott, Dingen, die er für uns tun soll! (Ich natürlich nicht, aber andere Leute schon.) Und glücklicherweise ist Gott so gnädig und hört sich an, was wir wollen und brauchen.

Doch das führt manchmal zu einem richtigen Tunnelblick und wir sehen nur unsere eigenen Bedürfnisse. Deshalb wollen wir den ersten Tag unserer Gebetsreise und den ersten Tag jeder Gebetswoche Lob und Dank widmen. Wenn wir Gott loben, beten wir ihn an, weil er ist, wer er ist. Wenn wir Gott danken, bringen wir unsere Dankbarkeit für das zum Ausdruck, was er getan hat. Wir richten also unseren Blick nicht auf uns, sondern fangen mit Gott an. Selbst wenn Gott nie wieder irgendetwas für uns tun würde, gäbe es trotzdem genügend Gründe, weshalb wir ihn lieben, anbeten und ehren sollten.

Und das Wichtigste ist: Wenn du Gott lobst, musst du kein religiöses Tamtam machen. Sag ihm einfach all die guten Dinge, die dir über ihn einfallen. Mach ihm Komplimente, so wie du auch einer Freundin ein Kompliment machen würdest. Nimm dir einfach einen

Augenblick Zeit – irgendwann am Tag – und fasse diese Wahrheiten über Gott in Worte.

Gott zu danken ist auch recht einfach.

Dankbarkeits-Tagebücher sind schon seit einigen Jahren in Mode. Vielleicht hast du ja auch schon entdeckt, welche Kraft darin steckt, jeden Tag in einer dankbaren Haltung zu beschließen. Untersuchungen haben ergeben, dass wir unsere Einstellung gegenüber Gott, anderen und sogar uns selbst verändern können, wenn wir uns in Dankbarkeit üben. Wenn wir das Tempo ein wenig drosseln und unser Leben unter die Lupe nehmen – die geistlichen, physischen und sozialen Aspekte –, erkennen wir, was Gott uns alles geschenkt hat. Und wir haben die Gelegenheit, Gott dafür zu danken.

Heute wollen wir Gott für das danken, was er in geistlicher Hinsicht für uns getan hat. In den nächsten Wochen werden wir Gott für das danken, was er uns in körperlicher Hinsicht und im zwischenmenschlichen Bereich geschenkt hat. Wir werden Gott sogar für die Herausforderungen danken. (Bleib dran, um hier mehr zu erfahren!) Danke Gott heute Morgen für alles, was er geistlich gesehen in *dir* bewirkt hat. (Später wirst du dann auch noch für andere beten.)

Gebetsanstoß
Lieber Gott, ich danke dir dafür, dass du mir meine Schuld vergeben und mich errettet hast. Danke für das neue Leben, das ich mit dir leben darf.

- Wenn du dich noch an den Augenblick erinnern kannst, als du errettet wurdest, dann danke Gott doch heute für alles, was zu diesem entscheidenden Moment geführt hat.
- Wenn Gott dir eine Familie geschenkt hat – Eltern, Geschwister,

Großeltern, Onkel und Tanten –, die dir in deiner Kindheit den Glauben nahegebracht haben, dann danke Gott für jeden von ihnen.

* Wenn du durch eine Glaubensgemeinschaft – z. B. eine Gemeinde oder christliche Organisation – zum Glauben kamst, dann danke Gott für jeden, der sich um dich bemüht und dir von Jesus erzählt hat.

Danke Gott heute Morgen bewusst dafür, dass du durch das, was Jesus für dich getan hat, gerettet und in seine Familie aufgenommen wurdest.

Mittagsgedanken

Heute geht es darum, Gott für alles zu danken, was er in geistlicher Hinsicht für dich und andere getan hat. Heute Morgen hast du Gott für *deine* Errettung gedankt, und heute Mittag geht es darum, Gott für das zu danken, was er *im Leben anderer* getan hat: dass er sie liebt, sie zu sich zieht und ihnen den Weg zeigt.

Einer der Menschen, für dessen Glaube ich Gott dankbar bin, ist meine Mutter. Ihre Beziehung zu Jesus hat nicht nur mich geprägt, sondern auch den Glauben meiner Schwester und meiner Brüder. Wir konnten miterleben, dass sie sich auf Gott verließ – in guten und in schweren Zeiten –, und so haben wir gelernt, was es bedeutet, ihm zu vertrauen. Gott hat durch den Glauben meiner Mutter in unser Leben und das von so vielen anderen hineingewirkt, und deshalb danke ich Gott dafür, dass meine Mutter an ihn glauben durfte.

- Vielleicht hast oder hattest du Großeltern oder Eltern, deren Glaube ein echter „Fels in der Brandung" war. Danke Gott für ihren Glauben.
- Vielleicht hast oder hattest du eine Schwester oder einen Bruder oder eine Freundin, die dir ihren Glauben vorgelebt und dich in eine Jugendgruppe oder auf eine Freizeit mitgenommen haben, wo du wiederum Jesus kennengelernt hast. Danke Gott für ihren Glauben.
- Vielleicht gibt es eine Pastorin oder einen anderen geistlichen Leiter, die für dich da waren und dich mit Gott bekanntgemacht haben. Danke Gott für ihren Glauben.
- Vielleicht kannst du gerade beobachten, wie der Glaube im Leben deines Kindes oder einer Nichte oder eines Neffen oder eines anderen jungen Menschen wächst. Danke Gott dafür.

Danke Gott heute Nachmittag dafür, dass er andere Menschen durch das, was Jesus für sie getan hat, gerettet und in seine Familie aufgenommen hat.

Abendbetrachtung

In seinem Brief an die Römer spricht Paulus von der Hoffnung der Gläubigen. Sie wurden durch das, was Jesus für sie getan hat, bereits errettet, aber sie warten noch darauf, dass sie auch *körperlich* neue Menschen werden – dass sie ewig leben und vom Leid befreit sind. Er erklärt: „Denn wenn man etwas schon sieht, muss man nicht mehr darauf hoffen. Und was ist die Hoffnung auf etwas, das man schon sieht? Aber wenn wir auf etwas hoffen, das wir noch nicht sehen, müssen wir mit Geduld und Zuversicht darauf warten" (Römer 8,24–25).

Trifft das nicht auch zu, wenn wir darauf warten, dass Menschen, die uns am Herzen liegen, Jesus kennenlernen? Wir vertrauen Gott und hoffen auf das, was wir noch nicht sehen. Vielleicht geht es um die Errettung eines älteren Verwandten, der im Sterben liegt. Oder vielleicht beten wir seit Jahren dafür, dass ein guter Freund zum Glauben kommt. Oder vielleicht hast du ja ein Kind, das Gott den Rücken gekehrt hat, und du betest dafür, dass Gott in sein oder ihr Leben eingreift.

Danke Gott doch heute Abend für das, was du noch nicht siehst! Sprich mit ihm über Menschen, die dir am Herzen liegen und die ihn noch nicht kennen, und danke ihm schon im Voraus für ihre Errettung.

Mein Gebet

Tag 2: Dienstag

Umkehr

Gottes Geschenk der Buße

Morgenandacht

Buße. Ehrlich gesagt ist das der Teil des Gebets, den ich gar nicht mag. Es ist der Teil, in dem ich in mich hineinschaue, um festzustellen, welche Gedanken, Taten und Bereiche meines Lebens Gott wohl nicht gefallen. Doch wenn er mir zeigt, wo etwas im Argen liegt, habe ich die Möglichkeit, Gott um Vergebung zu bitten.

Buße hat also auch etwas Schönes! Wenn ich um Vergebung bitte, weil ich Gottes Lebensregeln übertreten, andere verletzt oder mir selbst geschadet habe, mache ich den Weg frei, damit Gott tiefer und umfassender in meinem Leben wirken kann.

Nimm dir einen Augenblick, um Gott zu fragen, wo du mit ihm nicht im Reinen bist. Lass dir Zeit. Bitte ihn, dir zu zeigen, wo seine liebevollen Absichten für dich und dein tatsächliches Leben nicht übereinstimmen. Nimm dir ein paar Minuten, um auf sein leises Reden zu hören. Du wirst erstaunt sein, was er dir sagen möchte, wenn du ihm ein paar Minuten Zeit lässt, um mit dir zu reden.

Wenn du etwas auf dem Herzen hast, dann notiere dir das auf den beiden leeren Seiten am Ende des heutigen Abschnitts. Willst du noch einen Schritt weitergehen? Gestehe einem Freund oder einer

Freundin, in welchen Bereichen du Schwierigkeiten hast. Bitte ihn oder sie, in einigen Tagen nachzuhaken, ob sich in diesem Bereich etwas geändert hat. Und vielleicht wirst du dann ja merken, dass dein Gegenüber auch den Mut hat, dir zu gestehen, wo sein Leben nicht ganz in Ordnung ist.

Mittagsgedanken

Erforsche mich, Gott, und erkenne mein Herz,
prüfe mich und erkenne meine Gedanken.
Zeige mir, wenn ich auf falschen Wegen gehe,
und führe mich den Weg zum ewigen Leben.
Psalm 139,23–24

Sünde ist deshalb so zerstörerisch, weil sie nicht nur uns selbst schadet, sondern sich auch noch gegen Gott richtet und andere verletzt. Heute Morgen haben wir darüber gesprochen, dass es *uns* innerlich frei macht, wenn wir Gott unsere Schuld bekennen. Unsere Aufrichtigkeit Gott gegenüber ist der Schlüssel dazu, in der Fülle dessen zu leben, wer wir wirklich sind und wie Gott uns erschaffen hat.

Doch jetzt geht es darum, in welcher Weise unsere Sünde sich gegen Gott richtet.

Manchmal gelingt es dem Feind, uns einzureden, solange niemand verletzt werde, sei alles in Ordnung. Gleich, ob es um unser sexuelles Verhalten geht, eine schädliche Gewohnheit oder irgendein anderes negatives Verhalten: Wir würden gern glauben, dass Sünde keine große Sache ist. Doch wenn wir uns weismachen, dass wir ja niemandem schaden, reden wir uns damit nur selbst heraus und rechtfertigen unsere Sünde, statt sie zu bereinigen.

Aber Psalm 139 erinnert uns daran, dass sich jede Sünde gegen Gott richtet.

Gibt es in deinem Leben Schuld, die sich gegen Gott richtet? Bitte Gott, sie dir zu zeigen. Halte kurz inne und mach einen „Herzens-Check". Ist dein Leben heute im Einklang mit Gottes Willen für dich?

Gebetsanstoß
Lieber Gott, ich will so leben, wie es deinem liebevollen Willen für mich entspricht. Vergib mir, dass ich _____
_____

Halte im Laufe des Tages immer wieder inne, um mit Gott zu sprechen. Frage ihn, wie du so leben kannst, dass er Freude daran hat, und bitte ihn um Vergebung, wo das nicht der Fall ist. Bei Buße geht es weniger darum, Fehler festzustellen, als vielmehr darum, frei zu werden – frei, um aufrichtig mit dem Gott zu leben, der dich von Herzen liebt und nur gute Absichten für dich hat.

Wenn es dir hilft, kannst du das, was er dir zeigt, auch aufschreiben. Und vielleicht bist du ja auch so mutig, jemandem von dem zu erzählen, was du aufgeschrieben hast. Wenn du ehrlich zu Gott bist – ganz gleich, ob du jemand anderem davon erzählst oder nicht –, kannst du mit reinem Gewissen zu ihm kommen, denn wenn du ihm deine Schwächen gestehst und ihn um Hilfe bittest, wird er dir auch helfen.

Abendbetrachtung

Heute Morgen haben wir darüber gesprochen, dass wir innerlich frei werden, wenn wir unsere Schuld bekennen. Heute Mittag haben wir darüber nachgedacht, dass unsere Sünde sich gegen Gott richtet. Bitte Gott heute Abend, dir zu zeigen, wo dein Verhalten andere verletzt.

- Verletzt du aufgrund deines aufbrausenden Temperaments die Menschen in deinem Umfeld?
- Verschwendest du mit deiner Sucht oder deiner schlechten Angewohnheit Zeit, Geld oder Kraft, mit denen du für andere ein Segen sein könntest?
- Gibst du mit deinem Verhalten ein schlechtes Beispiel ab?
- Welche negativen Auswirkungen hat deine Sünde sonst noch auf andere? Bitte Gott, dir die Augen dafür zu öffnen.

Hier ist die gute Nachricht: Gottes Gnade ist größer als alle unsere Fehler. Es ist noch nicht zu spät, um mit Gott zu sprechen und reinen Tisch zu machen. Du wirst hinterher froh sein, es getan zu haben.

Und wenn heute kein guter Tag war? Wenn du genau weißt, dass du irgendetwas vermasselt hast?

Weißt du was? Gott wusste schon, dass du seine Hilfe brauchen würdest. Genau deshalb ist Jesus ja auf diese Welt gekommen.

„Nicht die Gesunden brauchen den Arzt, sondern die Kranken.
Ich bin gekommen, um Sünder zur Umkehr von ihren Sünden zu rufen,
und nicht, um meine Zeit mit denen zu verbringen, die sich schon für gut
genug halten."
Lukas 5,31–32

Du brauchst dich nicht zu scheuen, ihm zu sagen, dass du ihn brauchst.

Brauchst du Jesus heute? Dann sag es ihm.

Und falls heute in dieser Hinsicht ein guter Tag für dich war, dann erzähl ihm auch das.

Mein Gebet

Tag 3: Mittwoch

Bitten

Gott sieht und hört uns, wenn wir beten

Morgenandacht

Auf diesen Tag hast du gewartet, stimmt's? Auf den Tag, an dem du Gott deine *Bitten* vortragen darfst! Also sei nicht schüchtern: Sprich mit Gott über all das, was dir auf dem Herzen liegt. Oft. Sobald ein Problem, eine Sorge, eine Entscheidung, ein Gefühl oder eine schwierige Situation am Horizont auftaucht: Nutze das als Gelegenheit, um mit ihm zu sprechen. Diese Gebete müssen auch gar nicht lang oder wahnsinnig kompliziert sein. Und egal, wie oft du mit irgendwelchen Bitten an ihn herantrittst: Du gehst ihm damit nicht auf die Nerven. Er hört gern deine Stimme und interessiert sich für alles, was dich betrifft.

Was brennt dir heute Morgen auf den Nägeln? Worum möchtest du Gott bitten? Du brauchst nicht besonders „heilig" zu tun und um das zu beten, wofür du als „guter Christ" beten *solltest*. Überlege, wofür du *wirklich* beten willst. Gott kennt dich sowieso und weiß, was dich beschäftigt.

Bete doch heute Morgen einmal für deine Herzenswünsche.

Sei dabei ganz ehrlich: Was wünschst du dir für dich selbst am meisten von Gott?

- Ein eigenes Haus?
- Heilung von einer Krankheit?
- Einen Ehepartner?
- Eine Arbeitsstelle, bei der du genug verdienst, um für deine Familie zu sorgen?

Notiere deinen größten Herzenswunsch auf der leeren Seite am Ende dieses Tages. Dadurch ermöglichst du es dir, später noch einmal dein Herz zu prüfen: Wenn du zu einem anderen Zeitpunkt dieses Buch wieder zur Hand nimmst, kannst du sehen, ob dein Herzenswunsch immer noch der gleiche ist oder ob er sich verändert hat – und ob er Wirklichkeit geworden ist.

Entscheide dich für mindestens eine Sache – etwas, das dir auf dem Herzen brennt – und dann leg los.

Halte inne. Werde ganz still. Leg diese Sache Jesus zu Füßen.

Du darfst übrigens sicher sein, dass Gott bei deinen Gebeten mehr hört als nur das, was du konkret sagst. Er beantwortet mehr als nur das, worum du bittest. Und er gibt mehr, als du dir vorstellen kannst – zu seiner Zeit und auf seine Weise.

Mittagsgedanken

Heute Morgen hast du einen ehrlichen Blick in dein Inneres geworfen und Gott um das gebeten, was du dir am meisten *wünschst*. Gott liebt es, wenn du ihm anvertraust, was du auf dem Herzen hast. Heute Mittag soll es darum gehen, Gott um das zu bitten, was du *brauchst*.

Oft ist das, was man sich wünscht, identisch mit dem, was man braucht. Manchmal aber nicht. Wenn du einen sicheren Ort zum

Leben brauchst, dann kann es dein Wunsch sein, ein eigenes Haus zu besitzen, aber du *brauchst* kein Haus. Wenn du ein Auto besitzt, das dich zur Arbeit bringt, dann wünschst du dir vielleicht einen neuen, schickeren Wagen, aber du *brauchst* ihn nicht. Doch wenn du arbeitslos bist, ist ein Job, der dir Freude macht, sowohl ein Bedürfnis als auch ein Wunsch.

Der Psychologe Abraham Maslow hat Mitte des 20. Jahrhunderts ein Schaubild in Form einer Pyramide erstellt, das unsere Bedürfnisse darstellt. Ganz unten befinden sich unsere Grundbedürfnisse: Luft, Wasser, Nahrung, Unterkunft, Schlaf, Kleidung und Fortpflanzung. Die nächste Stufe von Bedürfnissen betrifft die persönliche Sicherheit: Arbeit, Wohnung, Familie, Gesundheit und Besitz. Als Nächstes folgen Beziehungsbedürfnisse: Freundschaft, Vertrautheit, Familie und Zugehörigkeit. Es gibt noch einige höhere Bedürfnisse wie Vertrauen, Wertschätzung oder Selbstverwirklichung, aber das sind zunächst einmal die grundlegenden Dinge.

Sprich heute Nachmittag offen mit Gott über deine Bedürfnisse. Er erfüllt sie nur zu gern.

Gebetsanstoß
Gott, du weißt, dass ich _____ *brauche.*
Ich will heute bewusst darauf vertrauen, dass du mich in dieser Hinsicht versorgen wirst.

Notiere dir deine Bedürfnisse im Gebetsabschnitt am Ende dieses Tages, und achte in der nächsten Zeit darauf, wie Gott sie erfüllt.

Abendbetrachtung

Wenn Gott all Ihre Gebete erhören würde:
Sähe dann die Welt anders aus oder nur Ihr Leben?
Dave Willis, Pastor

Autsch.

Erwischt.

Es ist etwas ganz Natürliches, dass wir Gott um das bitten, was wir wollen und brauchen. Aber Gott lädt uns ein, auch für andere zu beten.

Der Autor Philip Yancey schreibt in einem seiner Bücher:

Wenn ich für eine andere Person bete, bitte ich Gott, dass er mir die Augen öffnet, damit ich den Betreffenden so sehen kann, wie Gott ihn sieht, und mich eins machen kann mit dem Liebesstrom, den Gott schon über diese Person ausgießt.

Ist das nicht unglaublich tröstlich? Vielleicht weißt du ja bereits, was eine Person konkret von Gott braucht. Das ist toll! Aber oft wissen wir eben nicht genau, wie wir füreinander beten können. Paulus ermutigt uns in seinem Brief an die Gemeinde in Rom: „Der Heilige Geist hilft uns in unserer Schwäche. Denn wir wissen ja nicht einmal, worum oder wie wir beten sollen. Doch der Heilige Geist betet für uns mit einem Seufzen, das sich nicht in Worte fassen lässt" (Römer 8,26). Und dieses Einstimmen in das Seufzen des Heiligen Geistes beschreibt Yancey in seiner obigen Aussage.

Auch Tränen sind Gebete. Sie steigen zu Gott auf,
wenn wir nicht die richtigen Worte finden.
nach Psalm 56,9

Gibt es eine Person, die Gott dir aufs Herz gelegt hat? Wie wäre es, wenn du heute Abend für sie betest? Wen gibt es in deinem Leben, der Gottes Berührung, sein Wort, seine Führung am meisten braucht? Bitte Gott, dir diese Person zu zeigen, damit du diesen Menschen mit Gottes Augen sehen kannst. Und wenn du dann betest, mach dich eins mit dem Strom der Liebe, den Gott schon über diesem Menschen ausgießt.

Und hier noch ein anderer Gedanke: Für wen oder was würdest du lieber *nicht* beten? Das zeigt dir, wo vielleicht etwas im Argen liegt. Wenn es einen Menschen oder eine Situation gibt, für den oder die du beten solltest, aber nicht wirklich beten willst, dann tu heute Abend genau das: Bete!

Warum?

Weil es Gott ehrt, wenn du deine Gefühle überwindest und dich eins machst mit ihm, was bestimmte Personen, schwierige Situationen oder Herausforderungen angeht. Wenn du für die betest, die dich verletzt haben oder dir das Leben schwer machen, und wenn du dir Gedanken um Dinge machst, mit denen du lieber nichts zu tun hättest, bekommst du einen kleinen Einblick in das, was Gott am Herzen liegt. Und du bringst ihn zum Lächeln.

Mein Gebet

....

....

....

....

....

....

....

....

....

....

....

....

....

....

....

....

....

....

Tag 4: Donnerstag

Hingabe

Was bedeutet es, sich Gott hinzugeben?

Morgenandacht

Ich habe die Dinge zwar nicht in der Hand, aber derjenige,
der sie in der Hand hat, liebt mich von Herzen.
Glenn Packiam

Was bedeutet „hingeben" genau?

Im Wörterbuch steht: „sich eifrig widmen oder ausliefern; jemandem etwas überlassen; sich gegen ein Gefühl, einen Gedanken o. Ä. nicht wehren".

Gibt es Dinge, bei denen du dich nicht länger gegen Gottes Willen und Handeln wehren solltest? Bei welchen Themen solltest du ihm einfach die Kontrolle überlassen?

Das muss gar nichts Weltbewegendes oder Lebensveränderndes sein.

Natürlich könnte er wollen, dass du als Missionarin nach Afrika gehst. Aber viel wahrscheinlicher ist, dass dein Missionsfeld im Nachbarbüro liegt.

Nimm dir einen Augenblick Zeit, um darüber nachzudenken, wo Gott dich immer wieder anstupst oder zu dir spricht. Was ist dir in dieser Woche schon häufiger durch den Kopf gegangen? Was beschäftigt dich innerlich? Welche Schritte sollst du vielleicht unternehmen? Wo solltest du Gottes Absichten für dich vertrauen?

Hingabe hat auch etwas mit Vertrauen zu tun.

Je mehr du dich Gottes Willen hingibst, indem du Zeit mit ihm verbringst und ihm gehorsam bist, umso mehr wirst du bereit sein, ihm das Steuer zu übergeben und dich von Gottes Kraft erfüllen und sie durch dich wirken zu lassen.

Denk darüber nach.

Frag Jesus doch mal, was er meint.

Und falls du eine Antwort auf diese Frage findest, kannst du sie auf den leeren Seiten am Ende dieses Tages notieren.

Was willst du in dieser Woche als Folge deines Lobens und Dankens, deines Wunsches nach Vergebung und deiner Bitten an Gott abgeben?

> *Gebetsanstoß*
> *Lieber Gott, ich will _____ an dich abgeben. Hilf mir,*
> *dir das Steuer über mein Leben anzuvertrauen.*

Mittagsgedanken

Wir sollten uns nicht auf unsere eigene Kraft verlassen;
wir sollen auf seine Kraft vertrauen.

Wo solltest du vielleicht etwas loslassen und Gottes Führung folgen, anstatt zu versuchen, dein Leben selbst zu regeln?

Ich weiß, dass Loslassen gar nicht so einfach ist. Wir haben gern das Gefühl, unser Leben selbst in der Hand zu haben. Aber erfahrungsgemäß werden manche Dinge unnötig schwierig, weil wir darauf bestehen, sie aus eigener Kraft zu bewältigen.

Diese Lektion musste ich auf die harte Tour lernen. Mich Gott hinzugeben und loszulassen, machte mein Leben jedoch viel einfacher. Ich bin zwar dafür verantwortlich, was ich aus meinem Leben mache, aber wenn ich Gott mein Leben hingebe, ermöglicht mir das, innerlich zur Ruhe zu kommen, weil ich weiß, dass jemand anderes eine noch größere Verantwortung für mein Leben trägt und mich dabei Schritt für Schritt führen will.

Hast du diesen einen Lebensbereich, in dem du so hart kämpfst und dich abstrampelst, wirklich Gott überlassen?

Etwas an Gott abzugeben bedeutet nicht, dass du dich nicht länger bemühst. Es bedeutet nur, dass du Gott und dem, was er eindeutig von dir möchte oder was er dir gezeigt oder wozu er dich befähigt hat, nicht länger vorauseilst.

Seine Kraft kann dich so viel weiter tragen als dein eigener Wille.

An jedem Donnerstag dieser Gebets-Challenge wird der Fokus darauf liegen, dein Leben loszulassen und es Gott anzuvertrauen – ob es nun um die großen Dinge geht oder die kleinen.

Vertraust du ihm? Versuche, diese Frage einmal ganz ehrlich zu beantworten. Und sag es ihm. Sag ihm, ob deine Antwort ein beherztes Ja oder ein eher verschämtes Nein ist. Er weiß es ohnehin. Sei ehrlich und aufrichtig mit Gott.

Und auch wenn du nicht das Gefühl hast, dass du ihm wirklich ganz vertraust, dann *tu* doch heute irgendetwas so, als würdest du ihm vertrauen. Vertraue darauf, dass er sich um das kümmert, was du heute an ihn abgegeben hast.

Wie sieht es in deinem Leben ganz praktisch aus, wenn du Gott vertraust? Was würdest du anders machen, wenn du beschließen würdest, Gott das zu überlassen, was dich belastet?

Atme tief durch. Lass dich auf ihn ein. Was wäre jetzt der erste Schritt, wenn du wirklich darauf vertraust, dass er gut ist und alles in seiner Hand hält?

Es ist in Ordnung, wenn dein Herz dabei etwas schneller schlägt.

Deine Füße müssen nicht deinen Gefühlen folgen, aber sie sollten immer dem Vater folgen.

Abendbetrachtung

Herr, ich weiß nicht, wie ich es in Worte fassen soll.
Kannst du deshalb bitte auf das Reden meines Herzens hören?

Ich weiß, dass die Versuchung groß ist, einfach ins Bett zu gehen. Vielleicht war es ein langer Tag, eine lange Woche oder sogar ein langes Jahr. Ich weiß, dass du müde bist.

Aber gestern haben wir entdeckt, dass der Heilige Geist das, was in uns vorgeht, in Worte fasst, wenn wir nicht dazu in der Lage sind.

Werde still und lass dein Herz mit Gott sprechen. Das ist die beste Art zu sprechen, wenn du für andere beten willst und nicht weißt, wie. Und das ist der beste Weg, wenn du dich Gott ganz und gar hingeben willst.

Sag Gott, dass du ihm dein Leben anvertrauen willst. Und wenn dir die Worte ausgehen, dann bitte ihn einfach, zwischen den Schlägen deines Herzens zu lesen und die Botschaft zu entschlüsseln, die du einfach nicht in Worte fassen kannst. Er wird dich hören. Er wird dich trösten. Er wird dir antworten. Wenn du willst, kannst du Gott auch deine geöffneten Hände entgegenstrecken, um zu demonstrieren, dass du dich seinem Willen und nicht deinem eigenen unterstellen willst.

Mein Gebet

....

....

....

....

....

....

....

....

....

....

....

....

....

....

....

....

....

Tag 5: Freitag

Familie und Freunde

Die Bedürfnisse anderer: für die eigene Familie beten

Morgenandacht

Stell dir vor, Hollywood dreht einen Film übers Gebet und deine Schwester spielt die Hauptrolle. Beides ist alles andere als alltäglich. Deshalb war ich sprachlos, als ich meine Schwester Priscilla in *War Room* sah, und du kannst mir glauben, dass ich für sie und die Menschen, die sich diesen Film angeschaut haben, gebetet habe. Aber das Ganze hat mich nachdenklich gemacht: Bete ich auch unter normalen Umständen für meine Schwester?

Während unserer Gebets-Challenge wollen wir freitags für unsere Familien beten. Genauso wie es in manchen Restaurants einen Schnitzeltag gibt, wird der Freitag unser Freunde-und-Familie-Tag sein!

Manchmal fällt uns auf, dass wir zwar für uns selbst beten, aber nur selten für andere – vor allem nicht für die, die uns nahestehen, die wir jeden Tag sehen und deren Leben glattzulaufen scheint.

Wenn meine Schwester die Hauptrolle in einem Film spielt – bete ich dann für sie? Natürlich. Aber wenn meine Schwester am Steuer ihres Wagens sitzt und ihre Kinder zum Sport fährt, bete ich auch dann für sie? Findet sich das Alltägliche des Lebens in dem wieder, was für mein Gebet alltäglich ist? Es muss doch nicht erst eine Krise geben, damit wir für unser Leben und für das der anderen beten.

Wenn wir beten, sollten wir mit Gott über die alltäglichen Dinge unseres Lebens sprechen. Und Menschen gehören eben zu diesen alltäglichen Dingen! Deshalb gehören beide zusammen.

Über welche gewöhnlichen Anliegen oder Menschen willst du mit dem allmächtigen Gott sprechen?

Er interessiert sich wirklich für alles, was dich betrifft.

Mach es dir deshalb zur Gewohnheit, für deinen ganz normalen Alltag zu beten.

Und vergiss nicht, deine Familie mit einzuschließen.

Gebetsanstoß
Gott, heute will ich für das Familienmitglied beten, das mir gerade besonders auf dem Herzen liegt: _____.

Mittagsgedanken

Um den Kampf zu gewinnen, braucht man die richtige Strategie und die richtigen Mittel, denn Siege erringt man nicht zufällig.
Aus *War Room*

Wo kann ein Familienmitglied gerade ein Erfolgserlebnis gebrauchen? Hast du dafür gebetet? Falls nicht: Fang einfach an, mit Gott darüber zu sprechen. Oder bete an dieser Stelle weiter dafür.

Gebetsanstoß

Vater, mein/e _____ [Familienmitglied]
braucht gerade bei dieser Sache deine Hilfe: _____.

Deine Gebete, auch die ganz gewöhnlichen, alltäglichen, sind von Bedeutung.

Um siegreich zu sein, musst du dir bewusst machen, dass Satan wie ein Dieb ist, der ja nur kommt, um zu stehlen, zu töten und zu zerstören (Johannes 10,10), und er hat nur eines im Sinn: Menschen, die zu Gottes Familie gehören, die Kraft zu rauben, sie zu entmutigen und zu besiegen.

Doch deine entschiedenen Gebete können hier eine mutige, strategische Waffe sein, um ihn zu überwinden und den Sieg davonzutragen. Werde also eine leidenschaftliche Kämpferin, indem du bei Gott mit deinen Gebeten für deine Familie eintrittst.

Abendbetrachtung

Wer sich den Film *War Room* anschaut, lernt dabei, dass Gebet Dinge verändern kann. Glaubst du das auch?

Mein mittlerer Sohn kam nach einer schwierigen Geburt zur Welt, durch die er einen Geburtsschaden davongetragen hat. Ich war wie sicher jede Mutter am Boden zerstört, dass mein Sohn eine körperliche Beeinträchtigung davontragen sollte. Also brachte ich meinen Sohn sieben Wochen lang jeden Sonntag zum Altar in unserer Gemeinde und flehte Gott an, ihn zu heilen und an meinem Sohn ein Wunder zu tun. Wir können heute zwar immer noch leichte Anzeichen dieser

Verletzung bei meinem Sohn feststellen, aber *diese Verletzung* hatte auch positive Auswirkungen: Er hat dadurch Durchhaltevermögen entwickelt, und es gibt nichts, das er tun möchte, das er nicht auch schafft. Ich freue mich zwar über alle meine Kinder, aber obwohl die Ärzte gesagt hatten, dass mein Sohn niemals in der Lage sein würde, bestimmte Dinge zu tun, habe ich immer und immer wieder erlebt, wie Gott meine Gebete erhört und mein Sohn weitaus mehr erreicht hat, als die Mediziner ihm je zugetraut hätten.

Ich möchte dich heute Abend einladen, systematisch für deine Familie zu beten. (Das ist nur eine vornehme Art zu sagen: Lass niemanden aus!) Wie wäre es, wenn du dafür einen Familienstammbaum zu Hilfe nimmst?

- Bete für deine Großeltern mütterlicher- und väterlicherseits, falls du sie kennst.
- Bete für deine Mutter, deinen Vater und jeden anderen Erwachsenen, der dich großgezogen hat.
- Bete für Onkel, Tanten, Cousins und Cousinen.
- Bete für deine Geschwister und, falls du eine eigene Familie hast, auch für diese.
- Bete für deinen Partner, falls du einen hast.
- Bete für deinen zukünftigen Ehepartner, wenn du heiraten möchtest.
- Bete für deine Kinder, falls du welche hast.
- Bete für die Kinder deiner Kinder, falls du schon Enkel hast.

Falls du aus einer großen Familie stammst, ist es dir vielleicht zu viel, heute Abend für den gesamten Stammbaum zu beten. Du könntest Gott auch bitten, dir eine Person ans Herz zu legen, und dann das

Wochenende hindurch für diese eine Person beten. Du könntest dir den Namen irgendwo hinschreiben, wo du ihn immer im Blick hast, oder das Foto der Person als Hintergrundbild auf deinem Handy einstellen. Natürlich kannst du auch nach dem Ende dieser Gebets-Challenge weiterhin diesen „Freunde-und-Familie-Tag" begehen und jede Woche eine Person auswählen, für die du dann konkret betest.

Wie geht es dir mit den Gebeten, die du während dieser Challenge sprichst? Manchmal reden wir uns ein, dass wir vielleicht nicht die richtigen Worte finden oder mehr Glauben aufbringen müssten. Aber das ist ein Irrtum. Bete einfach auf der Grundlage dessen, wer Gott ist und was er tun kann.

Und Gott kann Berge bewegen!

Mein Gebet

....

....

....

....

....

....

....

....

....

....

....

....

....

....

....

....

....

Tag 6: Samstag

Samstags-Challenge

Das Gebet für deine Nachbarn

Morgenandacht

Als Jesus wieder einmal lehrte, wollte ein besonders schlauer Theologe unter seinen Zuhörern wissen, was denn das wichtigste Gebot sei. Vielleicht meinte er es ja wirklich ernst. Vielleicht versuchte er aber auch nur, Jesus hereinzulegen. (Um das mit Sicherheit sagen zu können, müsste man den Tonfall kennen, in dem er seine Frage stellte.)

Jesus gab ihm aber nicht nur *eine,* sondern gleich *zwei* Antworten. Er sagte: „Du sollst den Herrn, deinen Gott, von ganzem Herzen, von ganzer Seele, mit all deinen Gedanken und all deiner Kraft lieben." Und dann fügte er hinzu: „Das zweite ist ebenso wichtig: ‚Liebe deinen Nächsten wie dich selbst.' Kein anderes Gebot ist wichtiger als diese beiden" (Markus 12,30–31).

Für Jesus waren die Liebe zu Gott und die Liebe zu den Menschen untrennbar miteinander verbunden. Und deshalb werden wir im Rahmen dieser Challenge an den Samstagen für andere beten *und* ihnen mit Zuneigung begegnen.

Obwohl Jesus damit nicht meinte, dass wir nur die lieben sollen, die uns räumlich ganz nah sind, deren Haustür oder Grundstück direkt neben den unseren liegen, wollen wir an diesem ersten Samstag für genau diese Menschen beten: die Menschen, die neben uns wohnen.

Schließe deine Augen, und denke einmal an die Menschen, die in deiner Straße, deinem Reihenhaus, deinem Mietshaus wohnen, und sprich mit Gott über sie. Notiere dir ihre Namen in dieses Buch. Trage hier alle Personen ein: Alleinstehende, Ehepaare, Babys, Kinder, Teenager, Großeltern und alle, die sonst noch in deiner Nähe leben.

Mittagsgedanken

Heute Morgen hast du an alle Menschen gedacht bzw. hast für alle Menschen gebetet, die neben dir wohnen. Bete heute Nachmittag für die materiellen Bedürfnisse dieser Nachbarn:

Gott, bitte sorge dafür, dass _____ wieder Geld hat, um Nahrungsmittel und die Stromrechnung zu bezahlen.
Gott, bitte sorge dafür, dass _____ nachts wieder ruhig schlafen kann.
Gott, bitte sorge dafür, dass _____ genügend Kleidung für ihre Kleine hat.
Gott, bitte sorge dafür, dass _____ eine neue Arbeitsstelle findet.
Gott, bitte sorge dafür, dass _____ wieder gesund wird.
Gott, bitte sorge dafür, dass _____ alles hat, was er/sie braucht.
Gott, bitte sorge dafür, dass _____ sich ein neues Auto kaufen kann, um zur Arbeit zu fahren.

Du darfst damit rechnen, dass Gott dich beim Beten an die Bedürfnisse deiner Nachbarn erinnern wird. Sprich mit ihm darüber – und sei offen, wenn Gott dich gebrauchen möchte, um diese Bedürfnisse zu stillen. (Das bedeutet nicht, dass du deinen Nachbarn genau das geben musst, was sie brauchen. Aber vielleicht bedeutet es, dass du den Kontakt zwischen deinem Nachbarn und einer anderen Person herstellst, die in der gleichen Firma arbeitet, oder dass du Kleidung hergibst, die deinen Kindern zu klein ist. Sei offen dafür, dass Gott durch dich für andere sorgt.)

Schreibe neben die Namen der Nachbarn, welche Bedürfnisse Gott dir zeigt, und bete dafür.

Abendbetrachtung

Bete heute Abend für die seelischen Bedürfnisse deiner Nachbarn:

Gott, bitte hilf _____ , *emotional wieder gesund zu werden.*
Gott, bitte schenke _____ *gute Beziehungen.*
Gott, bitte schenke _____ *einen Partner oder ein Kind oder eine andere gute Beziehung, die er/sie sich wünscht.*
Gott, bitte hilf _____ , *dich kennenzulernen.*
Gott, bitte schenke _____ *die geistliche Nahrung, die er/sie braucht, um zu wachsen.*

Du darfst damit rechnen, dass Gott dir beim Beten zeigt, welche emotionalen oder geistlichen Bedürfnisse deine Nachbarn haben. Sprich mit ihm darüber – und sei offen, wenn Gott dich gebrauchen möchte, um diesen Bedürfnissen ganz konkret zu begegnen. (Zur Erinnerung:

Das bedeutet nicht, dass du sie retten musst. Aber vielleicht fordert Gott dich auf, einen Nachbarn zum Gottesdienst einzuladen oder jemandem ein christliches Buch zu schenken, von dem du selbst auch profitiert hast.)

Vielleicht überwältigt dich diese Aufgabe ja ein bisschen. Deshalb möchte ich dich heute Abend und während unserer gesamten Gebetsreise daran erinnern, dass du nicht allein bist:

„Der Herr selbst wird für euch kämpfen. Bleibt ganz ruhig!"
2. Mose 14,14

Weißt du, was das bedeutet? Du kannst das Anliegen an Gott abgeben und warten, bis er in das Leben deiner Nachbarn eingreift. Du musst diese Angelegenheit nicht selbst in Ordnung bringen, sondern darfst ruhig zusehen, wie Gott die Dinge regelt. Du kannst dich entspannen und ihn diesen Kampf ausfechten lassen.

Und je mehr du ihm vertraust, umso leichter wird es. Denn Vertrauen wächst mit der Zeit.

Halte die Bedürfnisse deiner Nachbarn, die Gott dir aufs Herz legt, hier in deinem Buch fest.

Mein Gebet

....

....

....

....

....

....

....

....

....

....

....

....

....

....

....

....

Tag 7: Sonntag

Sabbat-Gebet

Unterstützung für den Leib Christi: das Gebet für Pastoren

Morgenandacht

Gestern ging es darum, für unsere Nachbarn zu beten. Und genau das wollen wir auch an den folgenden Samstagen tun: für Menschen beten, die in unserer Nähe oder auch etwas weiter entfernt leben.

Doch sonntags werden wir für unsere Gemeinden beten, für unsere Glaubensgeschwister.

Anfangen wollen wir mit den Pastorinnen und Pastoren.

Mit *Pastor* meine ich die Person, die dich hauptsächlich mit „geistlicher Nahrung" versorgt. Wer lehrt sonntagmorgens in deiner Gemeinde aus der Bibel? Wer hält die Onlinegottesdienste, die du dir regelmäßig anschaust? Wessen Predigten lauschst du täglich, wenn du zur Arbeit fährst? Wenn dir mehrere Personen helfen, Gott näher zu kommen, oder dir mehrere Gottes Wort „aufschließen", dann musst du heute nicht für alle beten. Konzentriere dich auf die Person, die im Moment am meisten dazu beiträgt, dass du geistlich wächst.

Du hast im Augenblick keine Idee, was du konkret beten könntest? Dann habe ich im Folgenden ein paar Anregungen für dich. Bete heute Morgen für die Gesundheit deines Pastors oder deiner Pastorin, heute Mittag für ihre Familie und ihre Beziehungen und heute Abend für ihren Dienst an dir und anderen.

Gebetsanstöße

„Gott, schenke meinem Pastor _____ Gesundheit." (Halte inne. Vielleicht zeigt Gott dir ja, ob es konkrete Probleme gibt.)

„Gott, schenke meinem Pastor _____ geistige und emotionale Gesundheit." (Halte inne. Vielleicht zeigt Gott dir, ob es konkrete geistige oder emotionale Probleme gibt.)

„Gott, schenke meinem Pastor_____ geistliche Gesundheit." (Halte inne. Vielleicht zeigt Gott dir, wie du konkreter für die geistliche Gesundheit deines Pastors beten kannst.)

Pastoren investieren sich Woche für Woche in das Leben anderer: Sie lehren, predigen, begleiten seelsorgerlich, führen und vieles mehr. Bitte Gott darum, deinen Pastor bzw. deine Pastorin mit seiner Liebe zu erfüllen. Du könntest dir dabei im Gebet ein leeres Gefäß vorstellen, das Gott mit seiner Gegenwart, seiner Liebe und seiner Kraft füllt.

Deine Gebete sind wichtig! Verbringe deshalb heute Morgen Zeit im Gebet für die Person, die dir hilft, geistlich zu wachsen, und die dich ermutigt, an Gott festzuhalten.

Mittagsgedanken

Heute Nachmittag soll es darum gehen, für den Dienst deines Pastors zu beten.

1. Predigen

Bete dafür, dass dein Pastor Gottes Wort mutig verbreitet und dabei immer Jesus in den Mittelpunkt stellt. Bete dafür, dass deine Pastorin den Mut und die Ausdauer hat, in einer Welt, in der Christen immer wieder Gegenwind ausgesetzt sind, Gottes Wort in seiner Gänze zu predigen, und immer wieder auf das hinweist, was Jesus Christus für uns getan hat.

2. Lehren

Bete dafür, dass dein Pastor bei seiner Lehre der Bibel treu bleibt. Bitte Gott, das Bibelstudium und die Vorbereitungen deiner Pastorin zu segnen. Bitte Gott, dass dein Pastor Jesus verherrlicht und seine Gemeinde mit seiner Lehre aufbaut.

3. Führen

Bete dafür, dass dein Pastor ein guter Leiter ist. Bitte Gott, deiner Pastorin eine Vision für die Gemeinde und das geistliche Wachstum ihrer Mitglieder zu schenken. Bitte Gott, deinem Pastor Weisheit zu schenken, um diese Vision umzusetzen. Bitte Gott, deinem Pastor andere leitende Mitarbeiterinnen und Mitarbeiter zur Seite zu stellen, damit sie gemeinsam die Arbeit tun können, zu der deine Gemeinde berufen ist.

4. Dem Einzelnen dienen

Bete dafür, dass dein Pastor den Menschen in der Gemeinde treu dient. Bete dabei für die verschiedenen Begegnungen, die deine Pastorin jede Woche hat: Seelsorge, Besprechungen, Telefonate, E-Mails, persönliche Besuche, Vorgespräche zu Trauungen, Taufen und so weiter.

Abendbetrachtung

Bete heute Abend für die Familie deines Pastors. Verliere auch diese nicht aus dem Blick.

- Vielleicht ist dein Pastor verheiratet. Bete dafür, dass Gott seine Frau segnet und dass sie ein Segen ist für deinen Pastor. Umgekehrt gilt natürlich das Gleiche: Wenn deine Pastorin verheiratet ist, dann bete dafür, dass Gott ihren Mann segnet.
- Vielleicht hat dein Pastor kleine oder schon größere Kinder. Bete für die Bedürfnisse dieser Kinder und dass Gott den Eltern Weisheit und bei ihrer Erziehung Einsicht schenkt.
- Vielleicht muss dein Pastor Familienangehörige pflegen – Geschwister, Eltern oder andere Menschen. Bete dafür, dass dein Pastor die Kraft hat, diesen Verpflichtungen treu zu sein.
- Falls deine Pastorin unverheiratet ist, bete dafür, dass Gott ihre zwischenmenschlichen Bedürfnisse erfüllt. Wenn dein Pastor sich danach sehnt, verheiratet zu sein, bitte Gott, ihm einen Ehepartner zu schenken.

- Bitte Gott, sich um alles zu kümmern, von dem du nichts weißt. Vielleicht gibt es eine Krankheit in der Familie, die nicht öffentlich bekannt ist. Vielleicht ein Suchtproblem oder irgendwelche Beziehungsprobleme. Bitte Gott, hier Heilung zu schenken.

Auch wenn es für viele befremdlich klingt: Satan ist real, und er hat jedem, der andere geistlich leitet, gewissermaßen eine Zielscheibe auf den Rücken gemalt. Bitte Gott, dass er deinen Pastor bzw. deine Pastorin schützt und bewahrt, dass er ihnen ganzheitliche Gesundheit und tiefe, anhaltende Liebe und Hingabe schenkt.

Mein Gebet

Ende der 1. Woche

Rückblick

In dieser Woche haben wir ein Fundament für ein Leben des Gebets gelegt. Du hast begonnen, Routinen und Gewohnheiten zu entwickeln, um jemand zu werden, der regelmäßig mit Gott im Gespräch ist. Es ist wichtig, dass wir uns einen Augenblick Zeit nehmen, um auf diese Woche zurückzuschauen. Was ist dir schwergefallen, als du angefangen hast, regelmäßige Gebetszeiten einzuhalten? Für manche besteht die größte Herausforderung schlicht darin, immer daran zu denken.

Wenn es dir schwergefallen ist, regelmäßig dreimal am Tag zu beten, können dir die folgenden Gedächtnisstützen vielleicht weiterhelfen:

- Stelle dir für jede der in diesem Buch beschriebenen täglichen Gebetszeiten einen Alarm an deinem Handy. Du kannst auch die Alarmfunktion an deiner Uhr dafür nutzen. Wenn der Alarm dann klingelt, erinnert dich das daran, Morgenandacht, Mittagsgedanken und Abendbetrachtung durchzuführen.
- Lege dir eine Erinnerungshilfe zu. Trage zum Beispiel ein bestimmtes Kleidungsstück oder ein Accessoire, das dich daran erinnert, mit Gott im Gespräch zu bleiben, z. B. ein Gummiband am Handgelenk oder ein Pflaster am Finger. Du könntest dir auch das Wort GEBET auf deine Handflächen schreiben.

- Nimm dir ein paar Karteikarten, und schreibe Begriffe darauf, die dich daran erinnern, mit Gott zu sprechen. Lege, stecke oder klebe sie an die Stellen, wo du dich morgens (Badezimmerspiegel?), mittags (im Auto?) oder abends (am Kühlschrank oder auf dem Nachttisch?) am häufigsten aufhältst.
- Kennst du jemanden, der ein wirklich guter Beter ist? Dann bitte diese Person, täglich oder wöchentlich nachzuhaken, wie du mit dieser Challenge zurechtkommst.

Manchmal braucht es nur ein paar kleine, einfache Hilfsmittel, damit wir das, was wir uns in diesen 28 Tagen angewöhnen wollen, nicht aus dem Blick verlieren. Lass dich von ein paar Schlaglöchern nicht von dieser Reise abhalten!

Du warst jetzt schon eine Woche lang mit Gott im Gespräch. Wie wäre es, wenn du einen Blick auf diese erste Etappe deiner Gebetsreise wirfst? Die folgenden Fragen können dir helfen, über deine bisherigen Erfahrungen nachzudenken – beschäftige dich mit mindestens einer davon. Du kannst mit Gott oder einem Freund bzw. einer Freundin darüber sprechen oder deine Gedanken in einem Tagebuch festhalten.

- „Was hat mich daran gehindert, regelmäßig dreimal am Tag zu beten? Was kann ich tun, um mich auf einfache Weise daran zu erinnern?"
- „Zu welcher Tageszeit kann ich am besten beten? Morgens? Mittags? Abends? Wie kann ich den Antrieb aus dieser Tageszeit nutzen, um mich auch für die Tageszeiten zu motivieren, die mir schwererfallen?"

- „Was hat Gott mir in dieser Woche in meinen Gebetszeiten über sich gezeigt? Was hat er mir über mich gezeigt? Was hat er mir über andere gezeigt?"

- „Welche Gebete sind in dieser Woche erhört worden? Wie kann mich das ermutigen, wenn ich einmal das Gefühl habe, dass Gott mich nicht hört oder meine Gebete nicht wirklich etwas bewirken?"

Woche 2

Tag 8: Montag

Lob und Dank

Gott für Segensgeschenke danken

Morgenandacht

Gott hat dir einen neuen Montag geschenkt! Einen neuen Start in eine neue Woche! Und es liegt ganz bei dir, mit welcher Haltung du jeden Tag angehst. Wenn du ihn in einer dankbaren Haltung beginnst – mit Dank für das, was Gott getan hat und wer er ist –, kann das deinen Blick auf die Welt verändern. Wenn dir klar ist, dass das Leben nicht etwas ist, das dir widerfährt, sondern dass du dein Leben in gewisser Hinsicht steuern kannst, wirst du begreifen, welche Macht dein Lob hat.

Wenn du davon überzeugt bist, dass du gesegnet wurdest, dass Gott gut zu dir ist, dann fasse deine Dankbarkeit doch in Worte – und warte ab, wie diese Haltung deine Sicht der Dinge beeinflusst. Versuch es einmal!

Gebetsanstoß
Lieber Gott, ich bin dankbar für _____. Ich bin dankbar, dass du _____. Ich bete dich an, weil du _____ bist.

Du hast noch mehr Ideen? Dann schnapp dir einen Klebezettel, einen Notizblock oder dein Handy, und erstelle eine Liste von allem, wofür du aktuell dankbar bist. Und dann achte doch einmal darauf, in welcher Weise die Dankbarkeit deinen Tag verändert.

Es fällt uns so leicht, uns auf das zu konzentrieren, was schiefläuft. Aber heute soll es einmal anders sein! Nimm dir einen Augenblick Zeit, um dich bewusst dafür zu entscheiden, dankbar zu sein, und dich auf das zu konzentrieren, was gut läuft. Ganz konkret soll es heute darum gehen, Gott dafür zu danken, dass er für unsere körperlichen Bedürfnisse sorgt – und in einem ersten Schritt soll es heute Morgen um den Dank dafür gehen, dass er dich bewahrt.

Gebete um körperlichen Schutz können zum Beispiel so aussehen:

* „Danke, dass du mich vor äußeren Gefahren bewahrst."
* „Danke, dass du mir das Haus/die Wohnung geschenkt hast, in dem/der ich lebe."
* „Danke für alle, die in unserer Stadt dazu beitragen, dass wir sicher leben können."
* „Danke, dass du mich vor Kälte und Hitze schützt."

Gebetsanstoß
Lieber Gott, ich danke dir für _____.

Schreibe ein persönliches Dankgebet in dein Tagebuch oder dein Notizbuch. Du wirst merken, dass diese Haltung der Dankbarkeit darüber bestimmt, wie du diesen Tag erleben wirst.

Lob- und Dankgebete zu verfassen steht zwar nicht jeden Tag in diesem Buch, aber vielleicht verspürst du ja das Bedürfnis, deine Dankgebete während der nächsten 21 Tage festzuhalten.

Mittagsgedanken

Manchmal muss man einfach innehalten und Danke sagen.

Lieber Gott, ich will mir eine Minute Zeit nehmen und dich nicht um etwas bitten, sondern dir einfach danken für alles, was ich habe.

Heute Nachmittag soll es darum gehen, Gott dafür zu danken, dass er für unsere körperlichen Bedürfnisse sorgt.

Gebete um Versorgung und Bewahrung könnten so aussehen:

- „Danke, dass du mich mit dem versorgst, was ich heute schon gegessen habe und noch essen werde."
- „Danke, dass du dafür sorgst, dass ich etwas anzuziehen habe."
- „Danke für einen gesunden Körper und für alles, was ich damit machen kann."
- „Danke, dass ich Zugang zu medizinischer Versorgung und Ärzten habe, um gesund zu bleiben."

Du kannst heute und auch an allen anderen Tagen dieser Aktion (und natürlich auch darüber hinaus) deine körperlichen Bedürfnisse als Anhaltspunkte nehmen, um Gott zu danken:

- Wenn du dich an den Tisch setzt, um zu essen: Danke Gott, dass er dein treuer Versorger ist.

- Wenn du dich morgens anziehst: Danke Gott für all das, was in deinem Kleiderschrank hängt.
- Wenn du etwas Aktives tust – zum Beispiel ein Kind in den Arm nehmen, Einkaufstüten hochheben, Handball spielen –: Danke Gott für die Fähigkeiten, die er dir geschenkt hat.
- Wenn dein Körper ächzt – wenn du niest oder eine Erkältung hast oder verletzt bist –: Danke Gott dafür, dass du Zugang zu der medizinischen Versorgung hast, die du brauchst, um wieder gesund zu werden.

Danke Gott dafür, dass er all deine Bedürfnisse stillt.

Wie ist diese Gebetsreise für dich bislang verlaufen?

Es ist natürlich wahr, dass du schon morgens die Weichen für deine Laune und dein Handeln während des Tages stellst, wenn du diesen mit einer dankbaren Einstellung beginnst, aber es ist auch kein Weltuntergang, wenn du es vergisst. Halte einfach jetzt inne, geh noch einmal zurück zum Gebetsanstoß von heute Morgen, und sag Danke. Schau dich um: Welche äußerlichen Dinge hat Gott dir geschenkt, für die du dankbar sein könntest?

Wenn man der Anweisung folgen will, „ohne Unterlass" zu beten, dann besteht die größte Herausforderung darin, während des Tages auch wirklich daran zu denken. Aber Gott ist jederzeit bei dir. Du musst bloß den Gesprächsfaden immer wieder aufnehmen. Wenn du dir heute Morgen keine Zeit genommen hast, um mit Gott zu sprechen, ist es noch nicht zu spät dafür. Falls du es heute Morgen eilig hattest, dann halte doch jetzt inne, und schenke Gott ein kleines bisschen von deiner Zeit. Schließlich hast du den größten Teil des Tages noch vor dir.

Abendbetrachtung

Mein geliebtes Kind, bitte gib mir nicht nur die Zeit, die du übrig hast. Natürlich bin ich immer da. Aber du verpasst etwas, wenn du durch unsere gemeinsame Zeit hetzt.

Ganz gleich, wie müde du heute Abend bist: Lass vor dem Schlafengehen das Gespräch mit Gott nicht ausfallen. Bevor du den Fernseher einschaltest und es dir gemütlich machst: Versuche, Gott ein paar Minuten deiner Zeit zu geben. Wenn dir schon die Augen zufallen, weil du so müde bist: Gib Gott noch fünf Minuten, bevor du ins Bett gehst. Wenn du heute vergessen hast, mit ihm zu reden, sollte dich das nicht davon abhalten, dir jetzt ein paar Minuten zu nehmen, um mit ihm zu sprechen. Mach es einfach. Sprich mit ihm. Räume ihm Priorität ein. Du wirst merken, dass du dich hinterher umso besser fühlst. Verfasse eine Dankesliste und stecke sie in deine Bibel oder deinen Geldbeutel. Hänge sie an den Spiegel im Bad oder den Kühlschrank – irgendwohin, wo du sie siehst –, und wenn dir alles grau in grau vorkommt und es dir schwerfällt, dich daran zu erinnern, was an deinem Leben toll ist und wie gut Gott ist, kannst du sie hervorkramen. Wenn du eine Anregung brauchst, um Dankbarkeit als Lebensstil zu praktizieren, dann lies doch einmal Ann Voskamps Buch *Tausend Geschenke**.

Heute Abend soll es darum gehen, Gott dafür zu danken, dass er uns alles gibt, was wir brauchen, um zu leben und ein *gutes* Leben zu führen.

---

* Ann Voskamp: *Tausend Geschenke*. Asslar, Gerth Medien, 2014[3].

- Du könntest für das Fahrrad danken, mit dem du zur Arbeit fährst, oder für die „Familienkutsche", in der du deine Kinder zur Schule bringst.
- Oder für die Bretter, mit denen du eine Hundehütte oder ein Baumhaus baust.
- Oder für die Erde in deinem Garten, in der leckeres Gemüse wächst.
- Oder für die zerschlissene Schmusedecke deines Kindes.

Auch wenn du am Ende des Tages vielleicht erschöpft bist: Danke Gott dafür, dass er für deine äußerlichen Bedürfnisse sorgt. Danke ihm, wenn du den Abwasch erledigst, wenn du gerade Erledigungen machst, wenn der Aktenberg immer höher wird, wenn du deine Kinder herumfährst oder gerade Sport treibst!

Finde irgendetwas, wofür du danken kannst. Und wenn es nur eine Sache ist. Egal, was.

Was ist heute gut gelaufen?

Wenn du genau hinschaust, wirst du selbst am schlimmsten Tag immer noch etwas finden, das dir zeigt: Gott ist gut. Wie kannst du ihm dafür danken?

Und vergiss nicht, es in dein Dankestagebuch oder dein Notizbuch zu schreiben (oder in dein Handy, wenn du sonst nichts griffbereit hast).

Wir wollen aber Gott nicht nur danken, wir wollen ihn heute auch noch loben, weil er der ist, der er ist. Wenn du noch einen Schritt weitergehen willst, dann schließe deinen Tag damit ab, dass du ein wenig Anbetungsmusik hörst und ein paar Minuten über Gottes Güte nachdenkst. Du wirst womöglich sogar feststellen, dass du dann besser schläfst.

Mein Gebet

Tag 9: Dienstag

Umkehr

Mit Gott über die Probleme unseres Lebens reden,
die wir einfach nicht loswerden

Morgenandacht

Vergib mir, dass ich Dinge, die ich schon an deinem Kreuz niedergelegt hatte, wieder an mich genommen habe.

Ich bin sicher nicht die Einzige, die mit einem Problem zu Gott kommt und ihm sagt, dass sie ihm vertraut – und die sich dann ein paar Stunden, Tage oder Wochen später wieder mit demselben Problem herumschlägt. Du kannst mir glauben, dass ich das eigentlich nie vorhabe. Ich möchte das Problem wirklich loswerden und Gott überlassen. Aber mit der Zeit mache ich mir eben doch wieder Sorgen. Ich hege die Vermutung, dass ich selbst mein Leben vielleicht ein bisschen besser meistern kann als Gott. Und so landet diese Sache, von der ich mir geschworen hatte, sie an Jesus abzugeben, wieder in meinen Händen oder in meinem Geldbeutel oder ganz hinten in meinem Schrank – weil ich sie wieder an mich genommen habe!

Warum? Weil ich ihm nicht völlig vertraue. Doch genau das will Gott von uns: völliges Vertrauen und völlige Abhängigkeit von ihm.

Ich mache nie den gleichen Fehler zweimal. Ich mache ihn gleich fünf- oder zehnmal, nur um sicherzugehen.

Da ist etwas dran, oder? Aber warum müssen wir Gott die gleichen Dinge immer und immer wieder bringen? Ehrlich gesagt, gibt es viele Gründe, aber keiner davon wird Gottes überreiche Gnade erschöpfen. Wenn du immer wieder stolperst, dann heißt das nur, dass du Gott deinen Fehler eingestehen, seine Vergebung in Anspruch nehmen und weitermachen musst!

Es gibt häufiger „atmosphärische Störungen" in der Beziehung zu deinem Partner? Wende dich damit an Gott. Du gibst zu viel Geld aus? Wende dich mit diesem Problem an Gott. Es fällt dir schwer, bei der Arbeit dein Bestes zu geben? Wende dich damit an Gott. Du bist in zwischenmenschlichen Beziehungen zu selbstsüchtig? Wende dich mit diesem Problem an Gott. Du hast gestern schon wieder zu viele Süßigkeiten gegessen? Wende dich mit diesem Problem an Gott. Denke dran: Er weiß schon, womit du zu kämpfen hast und wo du gestolpert bist. Du bist siebenmal auf die Nase gefallen? Dann steh siebenmal wieder auf.

Gottes Gnade ist größer und mächtiger als jeder deiner Fehler.

Mittagsgedanken

Wenn es dir so geht wie mir, dann stellst du vielleicht fest, dass du immer wieder auf das gleiche Problem stößt, wenn du dein Herz, deine Gedanken und dein Handeln auf Dinge durchforstest, die Gott nicht gefallen. Wenn deine Zunge dich in Schwierigkeiten bringt, dann tut sie das vermutlich nicht nur alle Schaltjahre einmal. Verstehst du, was ich meine? Du stellst wahrscheinlich fest, dass du regelmäßig Dinge sagst, von denen du dir hinterher wünschst, du hättest sie dir verkniffen.

Und dann ist da noch die Weigerung zu vergeben, obwohl uns selbst doch auch von Gott vergeben wurde. Du versuchst vielleicht, etwas loszulassen, stellst aber fest, dass du Schmerz, tiefe Trauer oder Groll hegst, die du zwar mit dem Mund, aber nicht mit dem Herzen vergeben hast.

Wenn du merkst, dass du Gott Woche für Woche, Jahr für Jahr die gleiche Schuld bekennst, stehst du damit nicht allein da.

Aber was bedeutet Buße eigentlich genau? Ich habe folgenden Ausspruch entdeckt und glaube, dass er die Bedeutung klarer macht:

Buße ist nicht nur als Bedauern über die Vergangenheit zu verstehen, sondern als eine neue Sicht der Zukunft, die in mutiger Hingabe in der Gegenwart wurzelt.
Father Alexis

Und genau über diese „mutige Hingabe" stolpern wir immer. Wie sähe diese mutige Hingabe in deinem Leben aus? Wenn du Bedauern und vielleicht sogar Scham hinter dir lassen würdest: Was könntest du ändern, um eine neue Sicht der Zukunft zu bekommen? Sei mutig!

Gebetsanstoß
Lieber Gott, hilf mir, mein Fehlverhalten nicht länger zu bedauern, sondern es ganz hinter mir zu lassen, nachdem ich mit dir darüber gesprochen habe. Schenke mir mutige Hingabe, damit ich _____

_____.

Abendbetrachtung

Wir alle wollen den Fortschritt. Fortschritt heißt, einem angestrebten Ziel näher zu kommen. Haben wir aber einen falschen Weg eingeschlagen, dann bringt uns das Fortschreiten unserem Ziel nicht näher. Umkehr auf den rechten Weg ist dann die einzige Möglichkeit des Fortschritts; und am fortschrittlichsten ist der, der als Erster umkehrt.
C. S. Lewis: *Pardon, ich bin Christ*

Ich wünsche mir zwar, ich könnte das Fehlverhalten, über das ich am häufigsten stolpere, einfach so aus meinem Leben entfernen, aber in Wirklichkeit gibt es Schuld, die ich Jahr für Jahr vor Gott bekennen muss.

Wie geht es dir damit? Hast du es satt, Gott immer wieder um Vergebung zu bitten, weil du zu viel isst, zu viel Geld ausgibst oder zu viel Zeit in den sozialen Netzwerken oder vor dem Fernseher verbringst? Bist du es irgendwie leid, ihm immer wieder die gleiche Schuld an deinem Mann oder deinen Kindern zu bekennen? Hast du es satt – oder denkst du, dass Gott es satthat –, dass du die geistlichen Übungen, die du eigentlich praktizieren wolltest, nicht regelmäßig praktizierst?

Das macht nichts. Lass dich nicht von einem langwierigen Kampf davon abhalten, dich deinen Herausforderungen zu stellen. Sprich mit Gott darüber. Er weiß ohnehin davon.

Das Wichtigste ist, dass du darauf achtest, ob Gott dir vielleicht zeigt, dass du einen falschen Weg eingeschlagen hast. Das ist schon der halbe Sieg. Was ist nötig, damit du umkehrst?

Erinnere dich vor dem Schlafengehen daran, dass es in Ordnung ist, nicht in Ordnung zu sein. Wir alle haben unsere ganz eigenen Kämpfe auszufechten. Gott liebt dich so, wie du bist, aber er liebt dich zu sehr, um dich so zu lassen, wie du bist.

Wir haben uns jetzt einen Tag lang mit dem Thema „Buße" und „Umkehr" beschäftigt. Ich hoffe, dass du nicht deprimiert oder frustriert bist. Wir alle haben unsere ganz eigenen Kämpfe auszufechten. Aber du darfst wissen, dass Gottes wunderbare Liebe niemals zulassen wird, dass du in deinen Kämpfen stecken bleibst. Deine Reue ist ein Zeichen dafür, dass er an dir arbeitet, um dich so zu verändern, dass es ihm Ehre macht und gut für dich ist. Konzentriere dich nicht auf das, was schiefläuft, denn das würde dich nur runterziehen. Konzentriere dich lieber auf die Tatsache, dass ein liebender Gott dir unnachgiebig nachgeht, damit du den Weg zu ihm zurückfindest, auch wenn das bedeutet, dass du dich zwischendurch mal unwohl fühlst.

Mein Gebet

....

....

....

....

....

....

....

....

....

....

....

....

....

....

....

....

....

....

Tag 10: Mittwoch

Bitten

Mutig mit großen und kühnen Anliegen
zu Gott kommen

Morgenandacht

Was würdest du Gott bitten, in deinem Leben oder im Leben anderer zu tun, wenn du wirklich daran glauben würdest, dass er es tut? Worum würdest du Gott bitten, wenn du keine Angst davor hättest, das Unmögliche zu wagen? Ich stelle oft fest, dass ich lieber auf Nummer sicher gehe, weil ich nicht enttäuscht werden will, falls Gott meine Gebete doch nicht erhört.

Wenn wir Single sind und uns nach einem Partner sehnen, haben wir vielleicht Angst, Gott um unseren Herzenswunsch zu bitten, weil wir befürchten, dass Gott nicht antwortet.

Wenn wir krank oder verletzt sind, trauen wir uns nicht, mutig zu Gott zu kommen, weil wir denken: *Warum sollte Gott gerade mich heilen, wo es anderen doch viel schlimmer geht?*

Wenn wir möchten, dass ein geliebter Mensch zum Glauben findet – ein Kind, eine Schwester, ein Bruder, ein Elternteil –, hören wir irgendwann vielleicht auf, Gott zu bitten, diesen Menschen zu sich zu ziehen, weil wir uns einfach nicht vorstellen können, wie Gott unser Gebet erhört.

Jesus hat verschiedene Menschen wegen ihres mangelnden Vertrauens getadelt. Lies selbst nach: Matthäus 6,30; 8,26; 14,31; 16,8; 17,20.

Lass dir die Pläne und Absichten Gottes für dein Leben nicht entgehen, indem du ihn nicht darum bittest, in dein alltägliches Leben einzugreifen. Aber lass dir auch sein Eingreifen nicht deshalb entgehen, weil du so sehr damit beschäftigt bist, für Dinge zu beten, die nicht im Einklang mit seinen Plänen und Absichten sind.

Du weißt nicht, *was* du beten sollst? Du brauchst eine Anleitung, *wie* du beten sollst? Hier sind einige ganz einfache Anregungen, wie du dem auf die Spur kommen kannst:

1. Lies in Gottes Wort und mach dich so mit seinem Willen vertraut.
2. Versuche, im Einklang mit dem zu leben, was in der Bibel steht.
3. Versuche, so zu denken und zu handeln, dass es Gott ehrt und ihn verherrlicht.
4. Sprich oft mit Gott, und vertraue darauf, dass er dich hört.

Jetzt wird es ernst: Worum würdest du bitten – für dich selbst oder jemand anderen –, wenn du wirklich daran glaubst, dass Gott tatsächlich antwortet?

Entscheide dich für eine Sache – etwas, um das du bislang nicht gebeten hast, weil du denkst, dass du es nicht verdienst. Etwas, von dem du glaubst, dass du es in einer Million Jahre nicht bekommen wirst. Etwas, von dem du fürchtest, dass es niemals geschehen wird. Bete für *diese eine* Sache. Du bist es ihm wert.

Bete nicht nur für das, was realistisch und möglich ist. Bete intensiv für das Unmögliche. Gott wird dir zeigen, dass nichts, *gar nichts*, *überhaupt nichts* für ihn unmöglich ist. Nie. Punkt. Ende. Aus.

Notiere jede deiner mutigen Bitten in deinem Tagebuch.

Mittagsgedanken

Für uns ist Warten Verschwendung.
Für Gott ist Warten Wirken.
Louie Giglio

Ich vermute, viele haben nach der Gebetsanregung von heute Morgen gedacht: *Aber ich bitte Gott doch schon ewig, eine bestimmte Sache zu tun, und er hat es nicht getan!*

Was ich dir jetzt sage, sage ich auch mir selbst immer wieder: Dieser Gedanke ist durchaus berechtigt und kann sehr frustrierend sein, aber das ist nicht alles. Viel wichtiger ist, ob du Gott auch dann noch vertrauen, lieben, dienen, ehren und jeden Tag deines Lebens verherrlichen willst, *während du wartest?* Willst du ihm vertrauen und auf sein Handeln warten, bis du eine Antwort von ihm bekommst?

Bist du mutig genug zu bitten und furchtlos genug zu warten und wenn nötig weiter zu bitten? Letzten Endes sollten unsere Wünsche niemals unsere Entschlossenheit in den Schatten stellen, den Mann zu lieben, der sein Leben für uns gegeben hat. Wenn du es satthast zu warten, dann denke daran: Er ist immer die Antwort. Jeder andere Wunsch, den du hegst, sollte dich immer zu ihm zurückführen. Also bete mutig und furchtlos, aber genieße die Zeit im Wartezimmer, weil sie es dir ermöglicht, die Beziehung zu ihm zu vertiefen.

Wir befinden uns gerade in der zweiten Tageshälfte. In der Bibel heißt es, dass wir auf dieser Erde viel Schweres erleben werden (Johannes 16,33). Jede Wette, dass das bis zum Nachmittag irgendjemand schon bejahen wird. Aber wenn wir einen Blick in die Bibel werfen, dann sehen wir dort, dass David, ein Mann nach dem Herzen Gottes, nicht nur viel Schweres erlebte, sondern auch mit Gott über seine Schwierigkeiten sprach:

Ich schrie zum Herrn, als ich in Not war,
und er erhörte mein Gebet.
Psalm 120,1

Nimm dir einen Augenblick, um Gott von deinem Tag zu erzählen. Kennst du jemanden, der gerade eine schwere Zeit durchmacht? Sprich mit Gott auch über diese Person. Er sieht alles. Denke daran, dass er allwissend ist. Aber er will nicht nur über deinen Tag oder den von jemandem, der dir am Herzen liegt, *Bescheid wissen*. Er will daran *teilhaben*, und das tut er dadurch, dass du die Höhen und Tiefen mit ihm teilst. Er will, dass du in das Leben eines anderen eingreifst, indem du dir die Zeit nimmst, für diese Person zu beten. Also halte jetzt einmal inne und sprich mit Gott.

Gebetsanstoß
Lieber Gott, können wir uns mal unterhalten? Dieser Tag/diese Woche/ dieser Monat/dieses Jahr war wirklich schwer für mich oder meine Familie oder meine Freundin, weil _____.

Abendbetrachtung

Hast du genauso viel für diese Sache gebetet, wie du darüber gesprochen hast?

Wir sprechen über die Dinge, die falsch laufen, die wir uns wünschen oder die wir verändern wollen. Aber die Frage ist: Beten wir so viel dafür, wie wir darüber sprechen? Wie schnell (und oft) rufen wir eine Freundin an, um mit ihr über ein Problem zu sprechen, machen uns auf Facebook oder Instagram Luft oder führen sogar leise Selbstgespräche. Aber sprechen wir auch regelmäßig mit Gott darüber?

Nimm dir für heute und für den Rest der Woche vor, mehr mit Gott als mit anderen über die Dinge zu sprechen, die dich gerade beschäftigen. Ich möchte dich herausfordern, mehr Zeit in seinem Wort als in den sozialen Medien zu verbringen. Nimm dir fest vor, offen oder im Stillen nur das zu einem Problem zu sagen, was Gott darüber sagt (und nicht deinen Gefühlen Luft zu machen). Und dann beobachte einmal, wie er deinen Blick auf das Leben und die Welt verändert.

Der Tag nähert sich jetzt seinem Ende. Lege doch nun bewusst die Dinge ab, an denen du so sehr festhältst, dass es schon wehtut. Wenn es dir schwerfällt, Gott um etwas zu bitten und die Sache dann loszulassen, ist das aber auch in Ordnung. Wie gut es dir gelingt, deine Sorgen loszulassen, hängt von der Beziehung ab, die du zu Gott hast. Notiere erst einmal die Dinge, die dich beunruhigen und dir Angst machen. Schreibe sie so lange auf, bis sie sich nicht länger in deinem Kopf und deinem Herzen festsetzen.

Geh in dem Wissen ins Bett, dass du alles getan hast, was in deiner

Macht steht – du hast mit Gott darüber gesprochen. Und jetzt vertraue darauf, dass Gott alles tut, was in *seiner* Macht steht.

Und wenn du im Stillen mit Gott sprichst, wo nur er und du deine Gebete hören können, zögere nicht, mutig und entschlossen zu beten.

Mein Gebet

....

....

....

....

....

....

....

....

....

....

....

....

....

....

....

....

Tag 11: Donnerstag

Hingabe

Gott gehorsam sein

Morgenandacht

Wenn dich etwas davon abhält, Gott näher zu kommen, sollte es aus deinem Leben verschwinden.

Die Gebets-Challenge für heute Morgen lautet: kurz und knapp. Nicht lange nachdenken. Was will Gott heute wohl von dir? Lass dich nicht vom Gedanken an all das überwältigen, was er wohl für dein gesamtes Leben will. Konzentriere dich nur auf das, was er *heute* möchte. Was wirst du heute vertrauensvoll an ihn abgeben, weil du ihn liebst?

Gebet ist wichtig. Aber wenn du dich ein wenig gewunden hast, als du diese Worte gelesen hast, dann ist das gar nicht so schlimm. Er spricht zu dir. Die Frage ist nur, wie du auf sein Reden antworten wirst. Vielleicht wünschst du dir ja wirklich, dass Gott zu dir spricht – aber wirst du auch auf seine leise Stimme hören und entsprechend handeln? Denn genau darum geht es. So vertieft sich dein Vertrauen, und du lernst immer besser, seine Stimme zu hören. Du spürst vielleicht etwas in deinem Herzen oder meinst, ein Flüstern in deiner Seele zu vernehmen – und dann *gehorchst du*. Und beim nächsten Mal wirst du seine Stimme schon besser erkennen und wissen, dass er es ist, der zu dir spricht. Willst du Gott immer häufiger reden hören? Dann mach genau das! Heute ist dein Tag. Vertrau dich ihm an, gib alles an ihn ab, handle.

> *Gebetsanstoß*
>
> *Lieber Gott, ich habe das Gefühl, dass du mir zu verstehen gibst, dass ich _____ soll. Ich habe den Eindruck, dass du von mir willst, dass ich mich dir in diesem Bereich mehr hingebe und dass ich hier gehorsam bin: _____. Ich will mich heute bewusst dafür entscheiden, dir zu gehorchen.*

Welchen Gehorsamsschritt willst du heute gehen? Gott wartet darauf, deine Antwort zu hören.

Mittagsgedanken

Mein liebes Kind, manchmal musst du aufhören, dich so abzustrampeln, so viel nachzudenken, so viel zu ringen, und einfach nur gehorchen.

Du hast jetzt die Hälfte des Tages hinter dir. Wie lief es mit deinem Entschluss, Gott gehorsam zu sein? Hast du alle Bereiche und Dinge Gott anvertraut? Wo warst du bereit, dich deinem Vater im Himmel hinzugeben?

Vielleicht sah Gehorsam für dich heute ganz einfach aus: Du hast ein Gespräch mit einer Kollegin oder einem Kommilitonen angefangen, bei denen du das Gefühl hattest, sie könnten einen Freund oder eine Freundin gebrauchen.

Oder vielleicht war es auch etwas Herausforderndes. Vielleicht wollte Gott, dass du liebevoll auf ein Familienmitglied zugehst, das dir immer auf die Nerven geht. Wirst du zum Telefonhörer greifen und anrufen?

Sag Ja zu Gott.

Vielleicht bedeutet Gehorsam für dich heute, dass du kein Eis zum Nachtisch isst. Oder dass du eine sexuelle Grenze, die du mit Gott vereinbart hast, nicht überschreitest. Oder dass du dein Kind nicht anschreist und ihm keine Ohrfeige gibst, wenn es dich auf die Palme bringt. Oder vielleicht bedeutet Gehorsam für dich heute, dass du schweigst, wenn andere über eine abwesende Person herziehen.

Gott wird dir die Kraft schenken, zum Sündigen Nein zu sagen.

Die Sache ist: Du musst das nicht alles auf einmal schaffen! Gott wünscht sich zwar, dass du gehorsam bist, aber er weiß auch, dass es Zeit braucht, um ihm ähnlicher zu werden. Und vielleicht wird dir das besser gelingen, wenn du dich auf einen Bereich konzentrierst, in dem Gott sich mehr Hingabe von dir wünscht. Überlege dir doch einmal, in welchem konkreten Bereich, bei welcher Angelegenheit du Gott gehorsam sein willst. Wie könnten dann deine nächsten Gehorsamsschritte aussehen? Falls du hier keine Antwort hast, bitte Gott, dir zu zeigen, wie du ihm am besten dienen kannst.

Herr, ich wünsche mir, dass in meinem Leben dein Wille Wirklichkeit wird. Ich will nicht einfach nur sagen, dass ich dich liebe. Ich will es dir auch zeigen.

Abendbetrachtung

Bitte Gott, dir den richtigen Weg zu zeigen.
nach Sprüche 3,6

Unter Umständen denkst du jetzt: *Das werde ich auf gar keinen Fall jeden Tag schaffen!* Vielleicht will Gott, dass du deine Zunge im Zaum hältst. Vielleicht will er, dass du die Hausarbeit oder die Aufgaben im Büro treu und gewissenhaft erledigst. Vielleicht hat Gott dir gezeigt, dass du *einem bestimmten Mann* keine E-Mails oder andere Arten von Nachrichten schicken sollst, dass du ihn nicht anrufen oder ihm in den sozialen Netzwerken folgen sollst. Vielleicht will Gott, dass du mehr Wasser trinkst, nicht so viel Fast Food isst oder weniger Zucker zu dir nimmst. Vielleicht will er, dass du deinem Mann ein Lächeln schenkst, statt die Augen zu verdrehen. Vielleicht will er, dass du einen Artikel schreibst, einen Telefonanruf erledigst oder einen Antrag ausfüllst. Vielleicht will er, dass du eine Rechnung bezahlst, deine Kreditkarte zerschneidest oder deinen Kleiderschrank ausmistest. Ich weiß, dass du so leben willst, dass Jesus sich darüber freut – aber er möchte vor allem eines von dir: dass du ihm *heute* gehorchst! Er ist gütig und wird dir morgen neue Kraft schenken. Richte deinen Blick am Ende dieses Tages auf ihn, und nimm dir vor, jeden Tag so zu leben, dass er Freude daran hat.

Vertrauen zu Gott verändert alles.

Verändert es wirklich alles, wenn du Gott vertraust? Verändert es dich? Nimm dir einen Augenblick Zeit, um über den vergangenen Tag nachzudenken. Hatte dein Glaube Auswirkungen auf dein Handeln?

Hast du dich Gott anvertraut und alles an ihn abgegeben? Erzähle ihm, wo dir das schwergefallen ist. Danke ihm aber auch für die Gelegenheiten, bei denen dir das gelungen ist. Und dann bitte ihn um die Gnade, den morgigen Tag zu bewältigen.

Aber was ist, wenn du glaubst, es gäbe nichts, wo du dich ihm hingeben könntest? Was ist, wenn du so verletzt, so niedergeschlagen, so einsam, entmutigt, geknickt, verwirrt, müde und leer bist, dass du glaubst, du hättest ihm nichts zu geben? Gleichgültig, welche „Scherben" deines Lebens du in der Hand hältst: Er bittet dich, sie ihm heute hinzugeben. Er ist der Meistertöpfer, der genau weiß, was er mit den Scherben deines Lebens anfangen wird, von denen du dachtest, sie blieben unbemerkt, ungenutzt oder ungeliebt.

Denn die Kinder Gottes besiegen diese Welt;
sie siegen durch den Glauben an Christus.
1. Johannes 5,4

Mein Gebet

Tag 12: Freitag

Familie und Freunde

Die Bedürfnisse anderer: für Freunde beten

Morgenandacht

Ich hoffe, dass dich die vergangenen Tage ermutigt haben, regelmäßig und oft zu beten. Ich hoffe auch, dass du offen und ehrlich mit Gott sprichst und ihm erzählst, was du auf dem Herzen hast. Und ich bete dafür, dass du fest darauf vertraust, dass die Zeit, die du im Gebet mit Gott verbringst, wichtig ist und etwas bewegt.

Denn genau so ist es.

Bislang war dieses Buch vielleicht eine Gedächtnisstütze, die dich daran erinnert hat, regelmäßig mit Gott zu sprechen. Oder vielleicht hat dich das Gelesene ja motiviert, dein Misstrauen abzulegen und vertrauensvoll das Gespräch mit Gott zu suchen.

Gleichgültig, was die bisherigen Etappen unserer Reise bewirkt haben, das Wichtigste ist: Du betest. Und vielleicht betest du ja eine Spur mehr als in der vergangenen Woche.

Das ist gut.

Heute soll es wieder darum gehen, den Blick von uns wegzurichten und für unsere Freunde zu beten.

Deshalb möchte ich dich einladen, jetzt – bevor dein Tag geschäftig wird und mit all den Dingen angefüllt ist, die du erledigen musst – einer Freundin zu schreiben und sie zu fragen, ob du für sie beten kannst und wofür.

Und dann bete für sie!

Wenn du dabei ein gutes Gefühl hast, dann schick noch ein paar weiteren Freunden eine kurze Nachricht. Vergiss dann nicht zu beten. Und wenn du wirklich jemanden segnen willst, dann schicke dieser Person dein Gebet für sie.

Mittagsgedanken

Heute bete ich für alle meine Freunde, die im Stillen leiden.

Manchmal wissen wir genau, was unsere Freundinnen gerade durchmachen. Sie rufen uns an und erzählen uns, dass sie einen schrecklichen, alles andere als guten Tag hinter sich haben. Oder sie schreiben uns, dass sie gerade bei einem Gewinnspiel hundert Euro gewonnen haben. Oder sie kommen bei uns vorbei, nachdem die Kinder im Bett sind, und weinen sich an unserer Schulter aus.

Aber manchmal wissen wir auch *nicht*, was gerade bei unseren Freunden los ist. Vielleicht schämen sie sich, es uns zu erzählen. Vielleicht können sie das, was in ihnen vorgeht, noch gar nicht in Worte fassen. Vielleicht haben sie Angst, dass wir sie verurteilen. Oder vielleicht haben sie das Gefühl, dass ihr Leben irgendwie festgefahren ist, und schaffen es nicht, davon zu erzählen.

Bete heute für die Bedürfnisse, von denen du vielleicht noch gar keine Kenntnis hast.

- „Herr, hilf mir zu erkennen, was gerade im Herzen und im Leben meiner Freunde vor sich geht. Zeig mir, wie ich für die Freundinnen beten kann, die im Moment Gebet brauchen."
- „Mache mich darauf aufmerksam, wenn gerade jemand in meinem Bekanntenkreis leidet und dein Eingreifen braucht."
- „Du bist für mich gestorben, Jesus. Und du bist für sie gestorben. Hilf mir, nie zu vergessen, andere so zu lieben, wie du mich liebst."

Abendmeditation

Denken Sie daran, dass Sie jederzeit und überall beten können.
Beim Spülen, beim Graben, bei der Arbeit im Büro, beim Einkaufen,
auf dem Sportplatz, sogar im Gefängnis können Sie beten und
dürfen wissen, dass Gott Sie hört!
Billy Graham, Evangelist

Gibt es eine Freundin, einen Freund, um die oder den du dir Sorgen machst? Bete jetzt für sie oder ihn, ganz gleich, wo du gerade bist.

Gott sieht deine Tränen, er hört jedes deiner Gebete, und er antwortet, wenn du leidest. Wenn du mit ihm über deine Freunde sprichst, sieht und hört er das ebenfalls und wird dir antworten.

Gleichgültig, wo deine Freundin oder dein Freund gerade sind: Gott sieht sie und er sorgt für sie.

Nimm dir einen Augenblick Zeit, um ihm zu sagen, wie viel es dir bedeutet, dass er deine Freunde liebevoll in seinen Armen hält.

Und wenn du noch mehr Zeit hast, dann erzähle Gott, worüber du dir in Bezug auf deine Freunde konkret Sorgen machst. Halte nichts vor ihm zurück. Er kennt die Herausforderungen ohnehin schon. Er weiß, was zu tun ist.

> **Gebetsanstoß**
>
> *Lieber Gott, ich weiß, dass du mich und _____ siehst. Ich kann ihr/sein Problem nicht in Ordnung bringen, aber ich möchte dich einladen, in ihre/seine Situation hineinzukommen und ihr/ihm zu helfen.*

Dein Gebet ist wichtig und bewegt etwas.

Und eine der besten Botschaften, die du einer Freundin oder einem Freund mitteilen kannst, ist wahrscheinlich: „Ich bete für dich."

Wenn dir jemand ständig durch den Kopf geht, bete für die Person. Vielleicht bist du der einzige Mensch, dem diese Person wichtig genug ist, um für sie zu beten.

Geht dir gerade jemand durch den Kopf? Hast du über diese Person nachgedacht oder vielleicht sogar für sie gebetet? Warum tust du nicht einmal etwas ganz Altmodisches und rufst diese Person an? Sag ihr, dass sie dir wichtig ist und dass du an sie denkst und heute für sie gebetet hast.

Mein Gebet

Tag 13: Samstag

Samstags-Challenge

Das Gebet für deinen Wohnort

Du wirst heute auf die Arbeit gehen, Erledigungen machen, deine Kinder zu irgendwelchen Aktivitäten fahren, einkaufen, putzen, ein paar Rechnungen bezahlen, zur Kosmetikerin gehen, im Fitnessstudio Sport treiben, deine Handtasche ausräumen, tanken, eine Pizza bestellen, dich mit Freunden zum Abendessen treffen, für eine Klausur lernen, mit deinen Kindern telefonieren und zig weitere Dinge tun. Aber parallel dazu möchte ich dich einladen, gleichzeitig konkret darüber nachzudenken, mit wem du dabei in Kontakt kommst und wie du für diese Menschen beten kannst.

Morgenandacht

In der vergangenen Woche haben wir für die Menschen gebetet, die neben uns wohnen. In dieser Woche soll es darum gehen, die Gebete auszuweiten und für Menschen zu beten, die in unserem Ort leben und arbeiten.

Denke heute einmal darüber nach, wo du lebst, arbeitest und deine Freizeit verbringst. Denke an deinen Wohnort, an diejenigen, die die Gemeinde leiten, dort arbeiten und leben.

1. Bete für die Menschen mit Führungsverantwortung.
Wer sind die Entscheidungsträger in deinem Wohnort? Sie brauchen deine Gebete. Bete für den Bürgermeister, den Stadtrat, die Schulleitung, den Direktor. Bete für diejenigen, die den Landkreis regieren.

Bete auch für diejenigen, die im öffentlichen Dienst arbeiten und in deinem Wohnort für das Gemeinwohl tätig sind. Bete für die Bibliothekarin, die dir immer hilft, die Bücher für deine Kinder auszuleihen. Bete für Polizisten, Feuerwehrleute und Rettungssanitäter. Bete für die Mitarbeiter des Bauhofs, die Müllabfuhr und die Gärtner, die die Parks pflegen. Bete für alle, die in irgendeiner Weise dem Gemeinwohl dienen.

2. Bete für die Schulen.
Bete für die Direktoren der Schulen in deiner Umgebung. Bete für die Lehrerinnen und Lehrer, die sich in die Kinder investieren. Bete für die Schulpsychologen, die Mitarbeiterinnen und Mitarbeiter in der Schulkantine, die Hausmeister und andere Angestellte. Bete für den Eltern- und den Schülerbeirat. Bete für die Kinder! Bitte Gott, dich im Gebet zu leiten, wenn du für alle Aspekte im Leben der Schüler an den Schulen in deiner Umgebung betest – für ihre Herzen, ihren Verstand und ihre Gesundheit.

3. Bete für diejenigen, die in deiner Gegend arbeiten.
Bete für die Menschen, mit denen du in Kontakt kommst, weil sie an deinem Wohnort arbeiten: Bete für die Kassiererin im Supermarkt. Bete für die Altenpflegerin, die sich um deine Eltern oder Großeltern kümmert. Bete für den Automechaniker, der bei deinem Auto das Öl wechselt. Bete für den Studenten, der an der Waschanlage dein Auto wäscht.

4. Bete für diejenigen, die sich in deiner Gegend um Menschen in Not kümmern oder auf andere Weise dienen.

Bete für Organisationen, die sich an deinem Wohnort um Menschen in Not kümmern. Bete für diejenigen, die bei der „Tafel" mitarbeiten. Bete für diejenigen, die sich um Asylbewerber kümmern. Bete für die Mitarbeiterinnen und Mitarbeiter in der Kinder- oder Hausaufgabenbetreuung.

5. Bete für die Menschen an deinem Wohnort, die Hilfe brauchen.

Bete für diejenigen, die vor besonderen Herausforderungen stehen. Bete für Alleinerziehende. Bete für die Menschen, die gerade auf der Suche nach einer neuen Stelle sind. Bete für Obdachlose und die Bewohner von Flüchtlingsunterkünften. Bete für diejenigen, die nicht genug zum Leben haben.

Bete für all diese Menschen, die an deinem Wohnort leben oder arbeiten.

Und vergiss nicht: Deine Gebete haben Macht.

Halte den ganzen Tag über die Augen offen: Wo begegnest du Menschen, für die du beten kannst? Kümmere dich um deinen Wohnort, indem du für die Menschen dort betest. Und vielleicht fallen dir ja außer den Personen, die ich hier aufgezählt habe, noch weitere ein!

Gebetsanstoß

Lieber Gott, ich lebe/arbeite/treibe Sport in _____ .

Bitte segne/hilf/schütze _____ .

Wenn du mehr tun möchtest, könntest du zum Beispiel einen Gebets-
spaziergang durch die Gegend machen, die deine Gebete am meisten
braucht. Schlendere durch deine Nachbarschaft und bete für deine
Nachbarn. Geh an der örtlichen Schule vorbei und bete für die Schüler und die Lehrer. Wenn du am Rathaus vorbeikommst, könntest
du innehalten und für den Bürgermeister und die Stadtverordneten
beten. Denke immer daran, dass dein Gebet wichtig ist und etwas
bewegen kann!

Mittagsgedanken

Denn Gott hat uns nicht einen Geist der Furcht gegeben,
sondern einen Geist der Kraft, der Liebe und der Besonnenheit.
2. Timotheus 1,7

Sei ehrlich: Findest du die Vorstellung, mit geschlossenen Augen vor
dem Rathaus zu stehen und für die Entscheidungsträger zu beten,
auch etwas seltsam? Macht dich der Gedanke an einen Gebetsspa-
ziergang „um den Block" nervös, vor allem, wenn du laut mit Gott
sprichst?

Heute ist Samstag – wahrscheinlich der Tag, an dem du am meisten Erledigungen machst. Was siehst du? Und wenn du es siehst –
gleichgültig, ob von deinem Sitzplatz am Rande des Fußballplat-
zes aus oder auf einer Parkbank oder auf dem Parkplatz vor dem
Einkaufszentrum –: Was tust du dann?

Wie wäre es damit, tatsächlich konkret etwas zu tun? Hast du
schon mal eine Gruppe christlicher Eltern zusammengetrommelt,
um für die Lehrer und die Schulverwaltung zu beten? Oder vielleicht

fährst du ja jeden Tag an einer Feuerwehrwache vorbei, hast dich aber noch nie bei den Feuerwehrleuten bedankt, geschweige denn für sie gebetet.

Um mit Paulus zu reden: Gott hat dir nicht den Geist der Furcht gegeben. Denke heute doch einmal darüber nach, wie mutig du beten und anderen dienen könntest, wenn du keine Angst davor hättest, was sie von dir denken oder wie sie auf deine Unterstützung und Liebe reagieren. Nur mal so ein Gedanke …

Schau dich um. Als Christen sollten wir nicht unser Leben lang nur die Kirchenbank drücken. Wir sollten Menschen sein, die in Gebeten ihrem Herzen Luft machen, die ihre Zeit im Dienst an anderen verschenken und die die Orte verändern, an denen sie wohnen, arbeiten und ihre Freizeit verbringen. Beten bewegt wirklich etwas.

Halte doch einmal inne. Schau dich um. Wo bist du gerade? Für wen könntest du beten, der Einfluss darauf hat, wie sich das Leben, die Arbeit und die Freizeit an deinem Wohnort gestalten?

Und nur zur Erinnerung: Gott liebt dich. Er liebt mich. Und er liebt die Welt, in der wir leben.

Abendbetrachtung

Denke Tag und Nacht über das Gesetz nach …
Josua 1,8

Hattest du heute Zeit, um über deinen Wohnort nachzudenken und dafür zu beten? Ich hoffe es. Wenn nicht, dann ist es noch nicht zu spät. Bitte Gott einfach, dir zu zeigen, für wen du beten könntest – vertraue darauf: Er wird es tun.

Dazu könntest du zum Beispiel auch in Gedanken noch einmal auf den Tag zurückblicken. Schließe die Augen, und lass die vergangenen Stunden Revue passieren – von dem Augenblick, als du aufgestanden und aus dem Haus gegangen bist, über die Menschen, denen du begegnet bist, bis zu diesem Augenblick, in dem du dieses Buch in den Händen hältst. Wer ist dir außer deiner Familie und den Nachbarn noch über den Weg gelaufen? Bete für alle, die dir im Verlauf des Tages begegnet sind.

Und weißt du was? Morgen ist Sonntag, der Tag, den wir dafür reserviert haben, unseren Blick auf Gott zu richten und ihn gemeinsam mit anderen anzubeten. Bereite heute Abend vor dem Schlafengehen dein Herz darauf vor, Gott anzubeten. Nimm dir einen Augenblick Zeit, um an ihn zu denken und über sein Wort nachzudenken. Wenn du keine Bibellese nutzt oder nicht weißt, was du lesen sollst, dann öffne doch einfach eine Bibel-App auf deinem Handy (z. B. YouVersion) und lies Psalm 121 in einer modernen Übersetzung. Es ist ein großartiger Psalm, den man beten kann, bevor man ins Bett geht.

Gute Nacht! Wir sehen uns morgen wieder.

Mein Gebet

Tag 14: Sonntag

Sabbat-Gebet

Unterstützung für den Leib Christi:
das Gebet für deine Gemeinde

Morgenandacht

Wenn ich morgens aufstehe, suche ich dich, Jesus.

Was passiert mit dieser Welt, wenn unsere Gemeinden nicht so „funktionieren", wie sie sollten? Was passiert, wenn wir die Rolle, die Gott uns zugedacht hat, nicht ausfüllen? Der Einfluss der Gemeinden auf unsere Gesellschaft wird langsam, aber sicher abnehmen, und die Welt wird gewissermaßen von seiner Kraft und seinem Schutz abgeschnitten sein.

In der vergangenen Woche haben wir für unsere Pastorinnen und Pastoren gebetet; heute sind die leitenden Mitarbeiterinnen und Mitarbeiter sowie alle anderen Personen an der Reihe, die sich in Gemeinden engagieren. Wir können unseren Wohnort zwar auch als Einzelne beeinflussen, aber wir sind dazu aufgerufen, als Christen zusammenzukommen und ein Licht für die Welt zu sein. Deshalb wollen wir für all diejenigen beten, die in der Gemeinde Leitungsfunktionen innehaben oder dort anderweitig mitarbeiten (Matthäus 5,14–16).

1. Bete für die leitenden Mitarbeiter (1. Thessalonicher 5,25).
Bitte Gott, dass die leitenden Mitarbeiterinnen und Mitarbeiter deiner Gemeinde ein Vorbild sind, was ihre Hingabe an die Bibel und ihr Engagement für diejenigen angeht, die (noch) nicht zur Gemeinde gehören. Bitte Gott, dich an alle Leiter zu erinnern, und bete dann für jeden Einzelnen.

2. Bete für diejenigen, die anderen dienen (Johannes 12,26).
Bitte Gott, dass er dir diejenigen zeigt, die sich in irgendeiner Form in deiner Gemeinde engagieren. Bete für das Begrüßungsteam und die Ordner, die sonntagsmorgens ihren Dienst versehen. Bete für alle, die in der Kinder- und Jugendarbeit mitmachen. Bete für alle Teams deiner Gemeinde. Bete für diejenigen, die die Räumlichkeiten sauber machen. Du kannst natürlich für die einzelnen Gruppen beten, die irgendeinen Dienst versehen, aber ich möchte dich auch einladen, an die einzelnen Personen zu denken, die in deiner Gemeinde dienen. Bete so konkret wie möglich.

Wie kannst du noch für deine Gemeinde, die Gemeinden vor Ort und die leitenden Mitarbeiter deiner Gemeinde beten? Wie wäre es, wenn du dich einer Gruppe anschließt, die dafür betet, dass die Gemeinde Gottes sich so entwickelt, wie er sie sich gedacht hat? Falls es in deiner Gemeinde noch keine solche Gruppe gibt, könntest du ja vielleicht eine ins Leben rufen, wenn Gott dir dieses Thema aufs Herz legt.

Bitte Gott auch, dir zu zeigen, welche Absichten er für seine Gemeinde in dieser Welt hat und was er sich von seiner Kirche wünscht. Bitte ihn, in Christen den Wunsch zu wecken, seine Nähe zu suchen und die Welt so zu verändern, dass er geehrt wird (2. Chronik 7,14). Vergiss nicht, dass dein Gebet wichtig ist und etwas bewegt.

Gebetsanstoß

Gott, ich will heute für deine Gemeinde beten. Hilf uns, _____

_____ .

Mittagsgedanken

Wir werden die Welt nicht verändern, indem wir in die Kirche gehen. Wir werden die Welt nur verändern, indem wir Kirche sind.

Hast du es schon getan? Hast du für deine Gemeinde gebetet? Wenn nicht, ist jetzt ein guter Zeitpunkt dafür.

Was bedeutet es, Kirche zu *sein*? Wir wissen, was es heißt, in die Gemeinde zu *gehen*, aber Gemeinde zu *sein*, ist etwas ganz anderes.

In seinem ersten Brief an die Christen in Korinth – eine Gemeinde, die sich vermutlich nicht sehr von deiner unterschieden hat – ermahnt der Apostel Paulus sie: „So bildet ihr gemeinsam den Leib von Christus, und jeder Einzelne gehört als ein Teil dazu" (1. Korinther 12,27). Er will Menschen, die mit Jesus unterwegs sind, dafür sensibilisieren, dass jeder von ihnen eine wichtige Rolle spielt. Wenn nicht jeder seine Gaben einbringt – das gilt für das Auge, das sieht, genauso wie für das Ohr, das hört, oder die Hände, die dienen –, funktioniert Gemeinde nicht richtig. Wir alle müssen unseren Teil beitragen, damit die Gemeinde wirklich Gemeinde sein kann.

Was bedeutet es für dich, Kirche zu sein? Wenn du feststellst, dass eine Diskrepanz zwischen deinen Überzeugungen und deinem Handeln besteht, dann bitte Gott jetzt, dir in der kommenden Woche zu helfen, im Alltag mehr so zu sein und zu handeln, wie er sich Kirche gedacht hat.

Man kann nie zu viel beten.
C. H. Spurgeon, Erweckungsprediger

Abendbetrachtung

Bete heute Abend dafür, dass Gott weiterhin seine Gemeinde verändert und stärkt.

1. Bete für mutige Hingabe (1. Könige 8,61).
Bete dafür, dass deine Gemeinde und die anderen Gemeinden vor Ort mutig so leben, wie Gott sich das für sie wünscht, und dass sie gleichzeitig großes Mitgefühl für Menschen empfinden, die Jesus noch nicht kennen. Bete dafür, dass Christen einen regelrechten Hunger nach Gottes Wort entwickeln, sowohl als Einzelne als auch als Gemeinschaft. Bete ebenfalls dafür, dass sie vor Liebe zu den Menschen, die Gott noch nicht kennen, regelrecht überfließen.

2. Bete für Einheit (1. Korinther 1,10).
Bete für Einheit unter den Leitern, die wiederum andere anleiten, so zu leben, wie es Gottes Absichten für sie entspricht. Es ist Gottes Wille, dass wir als Einheit gemeinsam für sein Reich leben und arbeiten.

3. Bete für Gerechtigkeit (Matthäus 6,33).
Bete dafür, dass die Menschen in deiner Gemeinde und in den anderen Gemeinden vor Ort erkennen, wie wichtig Heiligkeit ist. Bete

dafür, dass ihnen Einstellungen, Beziehungen und Gewohnheiten wichtig werden, die Gott gefallen, und dass sie bereit sind, sich als Einzelne und gemeinsam von allem abzuwenden, was Gott missfällt.

Bitte Gott, dass er in deiner Gemeinde und in den Menschen in deinem Umfeld am Werk ist, damit wir der Leib Christi in dieser Welt *sind*.

Bist du Gott in dieser Woche nähergekommen? Oder war es eine dieser Wochen, in denen dir deine Pläne, Aktivitäten und Verpflichtungen wenig Zeit gelassen haben, um deine Beziehung zu ihm zu vertiefen?

Heute Abend hast du die Gelegenheit, die Richtung der nächsten Woche zu bestimmen. Was willst du in der kommenden Woche anders machen als in der vergangenen? Wie willst du dir Freiräume schaffen, um mehr Zeit zu Jesu Füßen zu verbringen?

Meine letzte Frage für diese Woche soll dich einladen, einmal einen ehrlichen Blick in dein Innerstes zu werfen: Gibt es irgendetwas in deinem Leben – einen Wunsch, einen Traum oder auch eine Enttäuschung –, das dich mehr beschäftigt als Jesus?

Es ist in Ordnung, hier ganz ehrlich zu sein. Es ist in Ordnung, heute Abend mit Gott zu sprechen und ihm zu sagen, dass er nicht das Wichtigste in deinem Leben war, dass du das aber ändern möchtest. Bitte Jesus, in der kommenden Woche mehr Raum in deinem Alltag einzunehmen. Bitte ihn, dir einen Hunger und ein Verlangen nach ihm zu schenken und den Wunsch in dir zu wecken, ihn an die erste Stelle zu setzen und ihm Ehre zu machen. Sprich doch schon jetzt das Gebet: „*Wenn ich morgens aufstehe, suche ich dich, Jesus. Ich brauche nicht die Welt, aber dich, Jesus.*"

Ende der 2. Woche

Rückblick

Man sagt, dass unsere Gebete vielleicht nicht immer unsere Situation verändern, aber sie verändern *uns*. Wenn du an die vergangene Woche zurückdenkst, dann hat sich im Hinblick auf eine zerrüttete Beziehung, eine wichtige Entscheidung oder die schwierige Zeit, die du gerade durchmachst, vielleicht nicht viel verändert. Vielleicht bist du ein wenig entmutigt, weil die Dinge, für die du gebetet hast, sich nicht wirklich zum Besseren gewandelt haben. Aber vielleicht ist dir auch entgangen, was sich tatsächlich verändert hat, seit du dich auf diese Gebetsreise begeben hast.

Jakobus, der kleine Bruder von Jesus, hat einmal gesagt: „Kommt zu Gott, und Gott wird euch entgegenkommen" (Jakobus 4,8). Überlege doch einmal, was du in der vergangenen Woche erlebt hast, als du versucht hast, deine Beziehung zu Gott zu vertiefen. Unter Umständen hat sich äußerlich nichts verändert, aber vielleicht hat sich ja innerlich etwas bei dir getan. Hast du erlebt, dass Gott dir nähergekommen ist, weil du regelmäßiger seine Nähe gesucht hast?

Denke ein paar Minuten über deine Einstellung nach. Wie sieht deine innere Haltung gegenüber den Menschen und Situationen aus, mit denen du zu tun hast? Hast du etwas mehr Mitgefühl für jemanden, der dich gewöhnlich in den Wahnsinn treibt? Verspürst du mehr inneren Frieden, obwohl es in deinem Leben drunter und drüber geht? Hast du gespürt, dass Gott dich gehalten hat, als du dich deinen Ängsten stellen musstest?

Nimm dir dein Gebetstagebuch, und notiere, welche positiven Dinge du erlebt hast. Vielleicht ist nicht das eingetreten, worum du gebeten hast, aber diese Ereignisse sind dennoch genauso wichtig. Schreibe auf, welche Veränderungen du bei dir bemerkst. Wo stellst du Veränderungen bei dir fest, seit das Gebet dir wichtiger geworden ist? Lass dir von dem, was du entdeckst, Mut machen, wenn du das Gefühl hast, dass deine Gebete nicht auf die Weise oder so schnell erhört werden, wie du dir das erhofft hast.

Stell dir dann als Vorbereitung auf die neue Woche einmal folgende Fragen:

- „Welche Veränderungen habe ich bei mir bemerkt, bei denen es mehr um mein Inneres ging als um meine äußeren Umstände?"
- „Inwiefern haben meine Gebete mein Denken verändert? Wie haben sich meine Gefühle oder meine Reaktion auf andere verändert?"
- „Was kann ich tun, damit ich regelmäßig bete? Brauche ich noch mehr Gedächtnisstützen oder Menschen, denen ich Rechenschaft ablege?"
- „Was habe ich in dieser Woche über Gottes Wesen gelernt? Was hat er mir über mich selbst gezeigt? Was hat er mir über andere gezeigt?"
- „Wie kann ich Gott noch mehr vertrauen – unabhängig davon, wie er meine Gebete beantwortet?"

Woche 3

Tag 15: Montag

Lob und Dank

Gott für die Beziehungen in unserem Leben danken

Morgenandacht

*Dankbarkeit kann gewöhnliche Tage in Festtage verwandeln,
Routineaufgaben in Freudenspender und alltägliche Gelegenheiten
in Glücksmomente.*
William Arthur Ward, Autor

Heute ist Tag 15 unserer Gebetsreise. Bist du noch dabei? Es macht nichts, wenn du einmal einen Tag oder auch zwei übersprungen hast. Versuch es einfach noch mal und mach weiter!

Am ersten Tag unserer Gebetsreise haben wir Gott für seinen geistlichen Segen gedankt. Vergangene Woche haben wir ihm für Segensgeschenke gedankt. Heute danken wir Gott für seinen Segen in Form der Beziehungen in unserem Leben.

Danke Gott heute Morgen für deine Familie. Denke dabei besonders an die Erwachsenen, die dich in deiner Kindheit geprägt haben. Vielleicht hast du das Gefühl, das sei das einfachste, offensichtlichste und leichteste Gebet auf unserer Reise, aber für viele ist die Familie ein ausgesprochen schwieriges Thema. Das liegt daran, dass wir alle aus Familien kommen, die alles andere als perfekt sind. Niemand hat eine perfekte Mutter. Niemand hat einen perfekten Vater (außer Jesus …). Ich stamme zum Beispiel aus einer wirklich starken, gesunden Familie, aber auch die ist natürlich nicht vollkommen! Wir haben unsere Kämpfe auszufechten. Wir sündigen. Wir versagen. Und trotz unserer Zerbrochenheit ist Gott immer noch Gott. Und Gott ist im Leben jedes Einzelnen am Werk.

Ich möchte dich einladen, Gott heute in zweierlei Hinsicht für deine Familie zu danken.

Danke Gott zuerst für die Gaben, in deren Genuss du durch deine Familie gekommen bist. Vielleicht hat dir dein Vater Gutenachtlieder vorgesungen. Vielleicht hat dir deine Großmutter gezeigt, wie man betet. Vielleicht hast du ältere Geschwister, die dich beschützt haben. Vielleicht hat deine Mutter dafür gesorgt, dass du eine gesunde Ernährung bekommst. Danke Gott für all das Gute, das du von deiner Familie empfangen hast.

Danke Gott zweitens für die Herausforderungen in deiner Familie. (Wie bitte?!) Ich weiß, alles in uns sträubt sich dagegen. Aber nimm dir einen Augenblick Zeit, um darüber nachzudenken, mit welchen Problemen du als Kind in deiner Familie konfrontiert wurdest, und danke Gott dann dafür, dass er in jedem Augenblick bei dir war. Wenn du dich dabei traurig fühlst oder Angst oder Wut verspürst, dann sprich mit Gott darüber, und halte diese Erfahrung in deinem Gebetstagebuch fest, damit du sie weiter verarbeiten kannst. (Und wenn dich deine Emotionen überwältigen, kannst du auch deinen Pastor oder eine Seelsorgerin um Hilfe bitten.)

Gott ist seit deiner Geburt durch deine Familie in deinem Leben am Werk. Danke ihm für all das Gute und gib all das Schwierige an ihn ab.

Mittagsgedanken

Ich verspreche dir, dass das Gebet heute richtig Spaß machen wird! Heute Nachmittag geht es nämlich darum, Gott für das Geschenk der Beziehungen zu danken, die über die Familie hinausgehen:

* Danke Gott für die beste Freundin in deiner Kindheit.
* Danke Gott für den Kumpel, der dir dabei geholfen hat, die Schulzeit zu überstehen.
* Wenn du studiert hast, dann danke Gott für deine Mitbewohner im Wohnheim oder der WG.
* Danke Gott für die Freundin, die mit dir durch dick und dünn geht und für dich da ist, wenn das Leben hart ist.
* Danke Gott für die Kollegin, durch die dein Arbeitstag fröhlicher wird.
* Danke Gott für die Verkäuferin beim Bäcker, wo du jeden Morgen deine Brötchen und deinen Kaffee kaufst.

Viel Spaß beim Beten! Bitte Gott, dich auch an andere Personen zu erinnern, für die du beten könntest: das Mädchen, das vor zwanzig Jahren während einer Freizeit im Stockbett über dir geschlafen hat, oder deine Schwägerin, mit der du gerade auf einem Wellness-Wochenende warst. Danke Gott für die Freunde, Klassenkameraden oder Kollegen in deinem Leben.

Abendbetrachtung

Wie läuft es mit deiner Dankbarkeitsliste? Hast du sie vergessen? Dann hol rasch dein Tagebuch hervor! Öffne eine neue Notiz auf deinem Smartphone oder Tablet oder, falls dir das nicht möglich ist, schreibe ein oder zwei Dinge, für die du dankbar bist, auf deine Handfläche. Montags geht es in dieser Challenge ja darum, Gott für das zu danken, was er getan hat und wer er ist. Und deshalb besteht deine „Hausaufgabe" heute darin, während des Tages nach den Dingen Ausschau zu halten, die dir Freude bereiten, die unerwartet richtig gut laufen oder dich positiv überraschen. Halte dann auch von Zeit zu Zeit inne, und danke Gott für diese Sache, denn du wirst merken, dass es dich verändert, wenn du es tust.

Heute Abend will ich dich einladen, für die Menschen in deinem Leben zu beten, die dazu beigetragen haben, dass du die Frau bist, die du heute bist (oder der Mann!). In diesem Rahmen lade ich dich auch zu einer Art „geistigen Reise" durch dein Leben ein. Achte dabei auf die Personen, die einen bleibenden Einfluss auf dich hatten.

- Wenn deine Geburt schwierig war: Danke Gott für den Arzt, der im Kreisssaal dabei war.
- Wenn du schon einmal auf einer christlichen Freizeit warst: Danke Gott für die Erwachsenen, die dein Leben positiv verändert haben.
- Wenn deine Oma, dein Opa oder ein anderer Erwachsener in einer schwierigen Zeit für dich der Fels in der Brandung war: Danke Gott für diese Person.
- Wenn du in eine Jugendgruppe gegangen bist: Danke Gott für diejenigen, die sich dort um dich gekümmert haben.

- Wenn dich eine bestimmte Person mit Jesus bekannt gemacht hat: Danke Gott für diese Person.
- Wenn eine Lehrerin oder ein Trainer deine Begabungen erkannt und gefördert haben: Danke Gott für diesen Menschen.
- Wenn ein Mentor Zeit, Kraft und Liebe in dich investiert hat: Danke Gott für diese Person.
- Wenn dir ein Vorgesetzter oder eine Kollegin beruflich weitergeholfen haben: Danke Gott für diesen Menschen.

Gehe im Gebet dein bisheriges Leben durch, und bitte Gott, dir zu zeigen, wer dazu beigetragen hat, dass du heute die Frau bist, die du bist. Danke Gott für jeden Einzelnen.

Mein Gebet

Tag 16: Dienstag

Umkehr

Gott ist gütig. Immer.

Morgenandacht

Kannst du dich noch daran erinnern, wie du in deiner Kindheit versucht hast, Fehlverhalten vor deinen Eltern zu verbergen? Vielleicht hast du ja mal im Supermarkt Kaugummi geklaut und diesen dann nur heimlich gekaut. Oder du hast eine Vase kaputt gemacht und die Scherben dann im Mülleimer versteckt. Wenn wir uns schuldig fühlen oder für etwas schämen, versuchen wir automatisch, uns in gewisser Hinsicht zu verstecken.

Wenn dir das bekannt vorkommt, liegt das an ... Adam und Eva! Nachdem sie Gottes Gebot übertreten hatten, versteckten sie sich vor Gott im Garten. Und wir wissen ja, wie die Geschichte ausging: Gott hat sie gefunden. Ihre Sünde blieb ihm nicht verborgen.

Sogar als Erwachsene denken wir hin und wieder, wir könnten Gott übers Ohr hauen. Wir verdrängen unser Fehlverhalten und weigern uns, es Gott zu bekennen – und denken, unsere Sünde käme dann auch nicht ans Licht – wir kauen unser „Kaugummi" heimlich in der Garage, wo es niemand sieht. Dabei will Gott uns nicht beschämen, sondern helfen.

Du verstehst, worauf ich hinauswill, oder? Ganz gleich, ob du dein

Fehlverhalten unter den Teppich zu kehren versuchst oder nicht: Gott sieht es. Gott hört es. Gott weiß davon.

Gott, du weißt, wie viele Fehler ich mache,
denn meine Sünden sind dir nicht verborgen.
Psalm 69,6

Mach Gott nichts vor. Er weiß ohnehin schon davon. Gib einfach ehrlich zu, womit du zu kämpfen hast. Und selbst wenn du einmal einen Fehler begehst: Du kannst ihn Gott bekennen. Du kannst innerlich ganz ruhig sein, denn er liebt dich trotzdem. Lerne, die Kraft anzuzapfen, die er dir schenken will.

> *Gebetsanstoß*
> *Lieber Gott, Ich weiß, dass ich diese Schuld nicht vor dir verbergen kann:* _____ *. Bitte, vergib mir.*

Wenn du Gott bereits kennst, muss ich dich wahrscheinlich nicht erst davon überzeugen, dass Gott Schuld vergibt, sobald du sie ihm bekennst. Das ist die normale Vorgehensweise, oder? Vielleicht ist daher diese Botschaft noch viel wichtiger für dich: Wenn du Gott deine Schuld bekennst, begegnet er dir *immer* mit Nachsicht und Güte und vergibt dir. Jedes Mal. Das heißt, Gott vergibt dir auch beim zweiten Mal. Und beim siebten Mal. Und beim 77. Mal.

Gott ist immer treu.

Mittagsgedanken

Wusstest du, dass „Buße" kein schlimmes Wort ist?

Natürlich ist es der Teil des Gebets, den viele von uns nicht mögen, weil dabei der „Scheinwerfer" auf den Bereich in unserem Leben gerichtet wird, den wir lieber nicht so genau sehen wollen. Also überspringen viele von uns diesen Teil einfach. Wir bitten nicht um Vergebung. Oder wir bleiben nur sehr vage. Wir wollen nicht über unsere konkreten Kämpfe sprechen: unsere Gedanken, die zu hastig dahingesagten Dinge, das, was wir tun, ohne dass die anderen etwas davon mitbekommen. Denn wir sind uns bewusst: Wenn wir Gott einladen, sein Licht darauf scheinen zu lassen, dann stehen genau diese Dinge im Zentrum der Aufmerksamkeit.

Aber diese unangenehme Angelegenheit ist der erste Schritt in einem Prozess, der uns wieder zu Gott zurückbringt.

Wenn Gott dir zeigt, wo du dich schuldig gemacht hast, spricht er damit eine Einladung aus, die Beziehung zu ihm wiederherzustellen.

Die Erkenntnis der eigenen Schuld und das Bekennen dieses Fehlverhaltens sind der erste Schritt, um wieder zu ihm zurückzukehren. Buße ist unsere Eintrittskarte in eine tiefere Beziehung zu unserem himmlischen Vater. Dass du in der Lage bist, deine Schuld zu er- und zu bekennen und dich davon abzuwenden, ist ein echtes Geschenk. Nutze dieses Geschenk. Schrecke nicht davor zurück.

Bitte Gott, dir sofort zu zeigen, wenn du seine Lebensregeln übertrittst, damit du genauso unverzüglich deine Schuld bekennen und dich davon abwenden kannst. Umkehr bereitet den Weg für eine innige Gemeinschaft mit dem Gott, der dich liebt, während du jeden Tag mehr lernst, wie du leben sollst, damit er Freude daran hat.

Weißt du, wer möchte, dass du deine Schuld nicht bekennst? Satan. Er hat dieselben Informationen wie wir. Er weiß, wenn wir Gott unser Fehlverhalten bekennen, ist Gott immer wieder treu und vergibt uns (1. Johannes 1,9).

Wenn du das nächste Mal ein schlechtes Gewissen oder Schuldgefühle hast, dann halte sofort inne, um mit Gott über deine Sünde zu sprechen. Er ist gern bereit, dir zu vergeben!

Abendbetrachtung

So fern der Osten vom Westen ist,
hat er unsere Verfehlungen von uns entfernt.
Psalm 103,12

Ich finde es großartig, dass wir die Gewissheit haben, dass nichts von dem, was wir ihm beichten, etwas an seiner Liebe zu uns ändert. Ist das nicht eine gewaltige Aussage? Wenn du einmal 90 wirst und Gott immer noch die gleichen Sünden beichtest wie mit 14, liebt Gott dich trotzdem. Wenn du es richtig vermasselst und dein Fehlverhalten schlimme Konsequenzen für dein Leben und deine zwischenmenschlichen Beziehungen hat, liebt Gott dich trotzdem. Wenn du etwas tust, von dem du niemals gedacht hättest, dass du dazu im Stande wärst, liebt Gott dich trotzdem. *Nichts* kann etwas an Gottes beständiger, treuer Liebe zu dir ändern!

Ganz gleich, was du getan hast, wo du warst, was du gesagt oder wie du es gesagt hast: Jesus ist nicht für dich gestorben, weil du dich so vorbildlich verhalten hättest. Er liebt dich, weil er dich eben liebt. Wir bekennen unsere Schuld, weil wir eine authentische, ungetrübte Beziehung zu ihm haben wollen. Wir bekennen unsere Schuld und sind ihm gehorsam, weil wir ihm gefallen wollen. Aber er liebt uns immer.

Mach dir das bewusst, während du dich darauf vorbereitest, heute Abend mit ihm zu sprechen und einen weiteren Tag abzuschließen, mit dem er dich gesegnet hat.

Mein Gebet

Tag 17: Mittwoch

Bitten

Das Gebet für uns selbst

Morgenandacht

Während dieser 28 Tage wollen wir bewusst für andere beten. Denn wenn wir mal ehrlich sind, denken wir im Verlauf eines Tages ziemlich viel an uns selbst. (Das kann doch nicht nur bei mir so sein?!) Daher haben wir bereits für unsere Familie und unsere Freunde gebetet sowie für unsere Gemeinden und unseren Wohnort. Aber heute soll es nur um dich gehen.

Weißt du, warum?

Weil Gott dich liebt. Gott sorgt für dich. Die Dinge, um die du dir Gedanken machst, sind auch Gott wichtig. Und um in Verbindung mit Gott zu bleiben, um von ihm Gutes zu empfangen, musst du Zeit mit ihm verbringen.

Ziel dieser Reise ist es, dass du ganz verrückt nach dieser Zeit mit Jesus wirst. Es gibt viele Dinge, nach denen du verrückt sein könntest, die dir schaden oder im schlimmsten Fall deinen Körper zerstören können. Aber mit Jesus zu reden, weil du dir ein Leben ohne ihn nicht vorstellen kannst – das wird dir nur Erfüllung schenken! Und weißt du, was? Wenn du dich auf diese Reise begeben hast – selbst wenn du nur hier und da mitgemacht hast –, dann hast du Gott die Tür geöffnet, damit er dich noch deutlicher einladen kann, Zeit mit ihm zu verbringen. Denn du hast ihm gezeigt, dass du genau das willst.

Ganz egal, wie müde du bist, wie verletzt du bist, wie selbstgenügsam, wie arm oder wie reich du bist; ganz egal, ob du clever bist oder keine Ahnung hast, wohin dein Leben sich gerade entwickelt: Wenn du betest, sagst du Gott damit, dass du möchtest, dass er an deinem Leben teilhat. Und genau dafür hat er dich letztlich erschaffen: um ihm Ehre zu machen, wenn du dein Leben so lebst, wie es seinen liebevollen Absichten für dich entspricht. Wenn du dich ihm im Gebet hingibst, dann lädst du ihn ein, Teil deiner Geschichte zu werden und an deiner Geschichte mitzuschreiben. Sprich heute mit ihm darüber – du darfst davon ausgehen, dass er genau das tun wird.

Gebetsanstoß
Lieber Gott, ich liebe es, mit dir zu sprechen. Bitte komm in mein Leben und in das Leben der Menschen, die mir wichtig sind. Ich bitte dich heute, _____.

Mittagsgedanken

Wenn in deinem Leben etwas ganz Tolles passiert – du eine Verabredung hast, befördert wirst oder im Lotto gewinnst –: Wem würdest du als Erstes davon erzählen? Vielleicht einer Freundin. Einer Mitbewohnerin oder deinem Partner. Vielleicht auch deiner Mutter. Es ist völlig normal, dass wir Freud und Leid mit den Menschen teilen wollen, von denen wir wissen, dass sie uns lieb haben. Diese Menschen sind ebenfalls Gottes Segensgeschenke an uns.

Aber manchmal vergessen wir, uns mit dem zu freuen, der uns all diese guten Gaben gibt. Oder wir sind so eingespannt, dass wir nicht innehalten, um zuzulassen, dass Gott sich um das kümmert, was uns Sorgen bereitet. Das ist normal, also mach dir deshalb kein schlechtes Gewissen.

Aber gleichzeitig gilt: Wenn wir nicht mit Gott über all das sprechen, was uns beschäftigt, verpassen wir die Gelegenheit, etwas von ihm zu empfangen.

In seinem Brief an die Gemeinde in Philippi erinnert Paulus die dortigen Gläubigen daran, sich wegen ihrer Sorgen an Gott zu wenden.

Sorgt euch um nichts, sondern betet um alles.
Sagt Gott, was ihr braucht, und dankt ihm.
Philipper 4,6

Er kann weitaus mehr tun als alles, was wir jemals erbitten oder uns vorstellen können.

Gott ist der beste Zuhörer.

Du hast schon alles versucht?

Warum suchst du nicht einmal das Gespräch mit ihm?

Und du musst auch nicht viele Worte machen oder die „richtigen" Worte finden, um Gottes Aufmerksamkeit zu erregen. Sag Gott einfach, was du auf dem Herzen hast – wie du es bei deiner Schwester oder deiner Nachbarin auch machst.

Und wenn du am Ende und nicht mehr in der Lage bist, deinen Schmerz in Worte zu fassen – weil ein geliebter Mensch gestorben ist oder weil jemand in Schwierigkeiten steckt oder verletzt wurde –, kannst du sogar ganz ohne Worte mit Gott kommunizieren (lies nach:

Römer 8,26)! Du darfst sicher sein, dass Gott alles hört, was tief in deinem Herzen ist. Und wenn Tränen das Einzige sind, das du noch hast? Auch das ist genug. Bete mit Tränen, bete mit dem Schmerz und der Verletzung. Er kommt damit klar.

Gebetsanstoß
Herr, du weißt, dass ich verletzt bin. Der Schmerz sitzt so tief, dass ich ihn nicht einmal in Worte fassen kann. Aber ich weiß, dass ich damit zu dir kommen darf. Bitte schau in mein Herz und meine Gedanken. Begegne mir dort, wo ich gerade stehe, und lenke meine Schritte. Bitte tröste mich, und zeige mir, dass du bei mir bist.

Abendbetrachtung

Viele fragen sich beim Beten, ob Gott wirklich zuhört. Und selbst wenn wir davon überzeugt sind, dass Gott zuhört, fragen wir uns vielleicht, ob Gott etwas an uns liegt. Und selbst wenn wir davon überzeugt sind, dass Gott etwas an uns liegt, fragen wir uns vielleicht immer noch, ob er auch tatsächlich auf unsere Gebete antwortet.

Ja, Gott antwortet *immer* auf Gebet.

Und das Coole daran ist, dass er immer Ja sagt.

Warte eine Sekunde! Das bedeutet nicht, dass du eine Karibik-Kreuzfahrt buchen solltest, um deinen Traumurlaub zu machen, obwohl du pleite bist. Nein, es bedeutet, selbst wenn Gott Nein zu deiner Bitte sagt, dann sagt er damit Ja zu etwas anderem, zu etwas Besserem, zu einem späteren Zeitpunkt oder zu etwas, das du jetzt noch nicht auf dem Schirm hast.

Das ist etwas schwierig zu begreifen, nicht wahr?

Unsere Aufgabe besteht nicht darin zu verstehen, weshalb er „Ja", „Nein" oder „Warte" sagt. Unsere Aufgabe besteht darin, zu beten und dadurch das zu erhalten, was auch immer er für das Beste für uns hält.

Wartest du schon sehr lange darauf, dass Gott dein Gebet erhört? Wenn er noch nicht geantwortet hat, bete weiter. Wenn du gebetet hast und er „Nein" gesagt hat, darfst du darauf vertrauen, dass er es trotzdem gut mit dir meint. Und wenn er „Ja" gesagt hat, dann erzähle doch anderen davon, damit sie ermutigt werden.

Mein Gebet

Tag 18: Donnerstag

Hingabe

Was sollen wir Gott alles überlassen?

Morgenandacht

Ich: Es ist nicht viel, aber es ist alles, was ich habe.
Gott: Und das ist auch alles, was ich wollte.

Heute ist Tag 18 unserer Gebetsreise. Wenn du inzwischen ein wenig häufiger oder intensiver betest als vorher, ist das großartig! Und falls du dich immer noch um mehr Durchhaltevermögen bemühst, ist auch das in Ordnung. Ich wette, du bist dir auf jeden Fall schon stärker bewusst, wie, wofür und wie oft du betest, und nur darum geht es. Ziel ist es, dass du weißt: Gott ist nur ein Gebet weit entfernt, und er wünscht sich, dass wir unablässig mit ihm im Gespräch sind.

Aber die Frage ist folgende: *Warum* möchte er wohl, dass wir regelmäßig mit ihm reden? Es gibt sicher eine Menge Antworten auf diese Frage, aber ich glaube, eine davon ist am wichtigsten: Er möchte, dass wir uns jeden Tag und in jedem Augenblick bewusst machen, dass wir so reden, uns so bewegen, handeln, fühlen, reagieren, arbeiten, spielen etc. sollten, wie es seinen liebevollen Absichten für uns entspricht. Er möchte, dass wir wissen, wie wir so leben, dass wir Jesus immer ähnlicher sind.

Das Gebet eröffnet uns die Möglichkeit, uns von allem zu befreien, das nicht wie er ist, und Platz zu schaffen, damit er uns erfüllen und verändern kann. Und warum sollte dir das wichtig sein? Weil das, was ihm Ehre macht, auch immer das Beste für dich ist.

Wenn du heute nicht weißt, was du beten sollst, dann verwende doch dieses einfache Gebet:

> ### Gebetsanstoß
> *Herr, befreie mich von allem, was mich von dir trennt, damit ich von dir erfüllt sein kann.*

Donnerstags geben wir alles Gott hin und vertrauen ihm alles an, was uns betrifft. Fühlst du dich bei diesem Gedanken unwohl oder wirst du nervös? Wenn ja, dann könnte das letztlich daran liegen, dass du Gott nicht wirklich zutraust, dass er mit den Bruchstücken deines Lebens mehr anfangen kann als du.

Das eigene Leben Gott anzuvertrauen und alles an ihn abzugeben, fällt vor allem dann schwer, wenn du bislang ganz gut allein klargekommen bist. Du denkst vielleicht, wenn du dich ihm unterordnest, dann will er, dass du eine ganz andere Richtung einschlägst als bisher, oder er wird dir deine Herzenswünsche auf keinen Fall erfüllen.

Unterordnung kann beängstigend sein, aber das ist der einzige Weg, um mit Gott gemeinsam das Leben zu leben, das er für uns geplant hat. Heute Morgen möchte ich dich einladen, mit Gott darüber zu sprechen, was es bedeutet, ihm die Beziehungen in deinem Leben zu überlassen. Für manche dieser Gebete braucht man viel Mut, denn echte Hingabe bedeutet, dass sich dein Leben vielleicht gravierend verändern wird.

Was ist, wenn er dir zu verstehen gibt, dass der Mann, mit dem du befreundet bist, nicht der ist, den du heiraten sollst?

Was ist, wenn er möchte, dass du die schlechten Angewohnheiten deines Partners nicht länger kommentierst? Oder wenn er im Gegenteil will, dass du etwas dazu sagst?

Was ist, wenn er will, dass du dich nicht in das Leben deines erwachsenen Kindes einmischst, weil er sich darum kümmert?

Was ist, wenn er möchte, dass du nicht länger Kontakt zu einer Freundin hast, die einen schlechten Einfluss auf dich ausübt?

Ich weiß, das ist unangenehm, nicht wahr?

Aber vielleicht wirst du ja nächsten Sommer einen Mann kennenlernen, der genau der ist, den Gott für dich ausgesucht hat.

Vielleicht führt deine Zurückhaltung dazu, dass dein Mann endlich die Verantwortung für sein Problem übernimmt.

Vielleicht wirkt Gott im Herzen deines Kindes auf eine Weise, die du nicht sehen kannst.

Vielleicht ist das Ende einer codependenten Beziehung genau das, was deine Freundin braucht, um sich endlich Hilfe für ihre psychischen Probleme zu suchen und gesund zu werden.

Gebetsanstoß

Lieber Gott, ich will _____ *an dich abgeben. Ich vertraue darauf, dass du besser weißt, was das Beste für diese Person ist, als ich.*

Mittagsgedanken

Herr, befreie mich von allem, was mich von dir trennt, damit ich von dir erfüllt sein kann.

Heute Nachmittag möchte ich dich einladen, für die Aufgaben zu beten, für die Gott dich erschaffen hat. Für manche bedeutet das, dass sie sich in dem Beruf weiterentwickeln, für den Gott sie begabt hat. Für andere ist das der Job, dem sie von Montag bis Freitag nachgehen, um ihren Lebensunterhalt zu verdienen. Manche sind dazu berufen, Kinder großzuziehen oder für Eltern oder andere Pflegebedürftige zu sorgen. Wieder andere sind dazu berufen, die ihnen gegebene Zeit dazu zu nutzen, anderen durch eine ehrenamtliche Tätigkeit zu dienen oder eine besonders aufmerksame Nachbarin zu sein.

Wenn dir das, was deine Tage ausfüllt, nicht wirklich Freude bereitet, bist du wahrscheinlich überaus gern bereit, es Gott hinzugeben. Doch was ist, wenn du deine Arbeit wirklich liebst?

Was ist, wenn er dir zu verstehen gibt, dass der Beruf, dem du unheimlich gern nachgehst, nicht im Einklang mit seinem liebevollen Willen für dich ist?

Was ist, wenn er möchte, dass du deine Stelle kündigst, ohne schon eine neue in petto zu haben?

Was ist, wenn Gott will, dass du mit dem Kinderkriegen noch ein bisschen wartest, und das aus einem Grund, der dir nicht ganz klar ist?

Oder was ist, wenn Gott möchte, dass du in deiner Gemeinde eine Aufgabe übernimmst, in der du dich etwas unwohl fühlst?

Und was ist, wenn Gott etwas völlig Verrücktes tut und möchte, dass du mit deiner Familie umziehst, nur weil er es sagt? Was ist,

wenn er weiß, dass es an einem anderen Ort viel zu sehen und zu erleben gibt und dass neue Menschen und Orte dir das größte Vergnü-
gen bereiten werden, du in deinem Denken aber zu begrenzt bist, um
das Unbekannte in Erwägung zu ziehen?

Ich weiß, dass du jetzt vielleicht schreckliche Angst hast, aber bei
diesem wichtigen Punkt gibt es eine gute Nachricht:

Du kannst Gott vertrauen.

Gebetsanstoß
Lieber Gott, ich möchte dir die Aufgaben und die Arbeit anvertrauen,
die meine Tage ausfüllen: _____.

Viele von uns sind deshalb so beunruhigt und auf der Suche und
machen so wenige Fortschritte, weil wir noch nicht am Ende
unserer Möglichkeiten und unserer Kraft angelangt sind.
Wir versuchen immer noch, Anweisungen zu erteilen und bei
Gottes Werk in uns dazwischenzufunken.
A. W. Tozer

Gottes Pläne für Ihr Leben gehen weit
über die Gegebenheiten dieses Tages hinaus.
Louie Giglio, Pastor

Abendbetrachtung

„Ich, der Herr, habe es bisher getan,
und ich werde euch auch in Zukunft tragen und retten."
Jesaja 46,4 (Hoffnung für alle)

Heute Abend lade ich dich ein, für deine Gewohnheiten zu beten. Vielleicht hast du einen festen Gebetsrhythmus und praktizierst regelmäßig geistliche Übungen. Wunderbar! Halte Gott das mit offenen Händen hin, und achte darauf, wie er dich führt. Aber vielleicht leidest du ja an einer Sucht – nach Essen, Shopping, Alkohol –, über die du mit Gott reden solltest.

Es kann schwer sein, hier die Kontrolle abzugeben.

Was ist, wenn Gott dir sagt, dass deine Gewohnheiten ihm nicht gefallen und er möchte, dass du sie ablegst?

Was ist, wenn er dir zu verstehen gibt, dass du damit aufhören sollst, so viel Geld für dich selbst auszugeben, und mehr Geld in die Dinge investieren sollst, die ein Segen für andere sind und sein Reich bauen?

Was ist, wenn deine Gewohnheiten dich davon abhalten, das beste Leben zu führen, das du führen kannst?

Wenn du manche deiner Gewohnheiten schon lange pflegst und diese sich eingeschliffen haben, kann es beängstigend sein, sie loszulassen.

Vertraust du Gott? Willst du dich ihm hingeben?

Wie es um unsere Hingabe bestellt ist, kann man oft am Kreislauf aus Gebet, Gefühlen und Handeln ablesen: Wir beten für etwas oder geben ein Problem an ihn ab. Dann gehen wir unserem Alltag nach, handeln aber nicht so, als würden wir wirklich daran glauben, dass Gott sich um das kümmert, was wir ihm zu Füßen gelegt haben.

Ja, du hast vielleicht ein mulmiges Gefühl, wenn du dir vorstellst, dass du dich Gott ganz hingeben sollst. Aber du sollst wissen, dass er vertrauenswürdig ist. Wenn du loslässt, wird Gott sich als treu erweisen und dir alles geben, was du brauchst, um ihm zu gehorchen und an ihm festzuhalten.

Wir lügen Gott an, wenn wir uns nach dem Beten
nicht ganz auf ihn verlassen.
Robert Leighton, Prediger

Vertraust du Gott? Glaubst du, dass er der ist, der er zu sein behauptet, und dass er das tun kann, was er behauptet, tun zu können? (Beth Moore, ich danke dir für diese knackige Aussage!) Falls du diese Fragen mit Ja beantwortet hast, dann sprich mit Gott – bete, lobe, danke, bekenne deine Schuld und bringe deine Bitten vor. Und dann geh deinem Alltag nach und lass die Dinge in Gottes Hand.

Wenn du für etwas gebetet hast, dann tu anschließend, was Gott dir zeigt. Arbeite mit ihm zusammen, und lebe das Leben, das er liebevoll für dich entwirft, indem du dich ihm ganz und gar hingibst. Und alles andere? Hör damit auf. Lass es hinter dir.

Denke heute Abend, bevor du zu Bett gehst, einmal über Folgendes nach: Hast du Gott angelogen? Betest du so, als würdest du ihm vertrauen, handelst aber so, als würdest du es nicht tun? Nur ein wenig Stoff für deine abendlichen Überlegungen ... Denke daran, dass er barmherzig ist und uns gern vergibt, wenn wir unsere Fehler eingestehen und einen Neuanfang machen wollen.

Mein Gebet

Tag 19: Freitag

Familie und Freunde

Die Bedürfnisse anderer: für Menschen beten,
die nicht zu unserer Familie und unserem Freundeskreis gehören

Morgenandacht

Hüte dich vor allem davor, Gott in deinen Gebeten Grenzen zu setzen –
nicht nur durch Unglauben, sondern auch dadurch, dass du dir
einbildest, du wüsstest, was er tun kann.
Andrew Murray, Autor, Lehrer und Pastor

Ich wünsche dir einen fröhlichen Freitag!

Am ersten Freitag dieser Aktion haben wir für unsere Familien gebetet und in der vergangenen Woche für unsere Freunde. Heute soll
es um das Gebet für die anderen Menschen gehen, die Gott in unser
Leben gestellt hat.

An diesem Morgen möchte ich dich einladen, für jemanden zu beten – jemanden, der weder zu deiner Familie noch zu deinem engs-
ten Freundeskreis gehört –, mit dem du Schwierigkeiten hast.

Vielleicht handelt es sich ja um eine Kollegin, die dir das Leben
schwer macht. Vielleicht um den Mann, mit dem sich deine Schwester trifft und wegen dem du große Bedenken hast. Vielleicht geht
es um einen Nachbarn, der ständig über alles Mögliche meckert.

Vielleicht bereitet dir aber auch ein Ausschuss an der Schule, auf die dein Kind geht, Probleme, weil man ihm oder ihr Dinge verweigert, die dein Kind unbedingt braucht. Wer fällt dir spontan ein, wenn ich dich auffordere, für jemanden zu beten, mit dem du Probleme hast?

Wer auch immer diese Person ist und worum auch immer es bei diesem Konflikt geht: Gott ist größer. Bete so vertrauensvoll, als hättest du wirklich keinen Zweifel daran, dass Gott tatsächlich Gott ist. Er kann Großes tun. Bete, und achte dabei darauf, was ihm Ehre macht – und dann bitte ihn um das Unmögliche. Denn Gott kann das Unmögliche tun. Gebet ist nicht nur Gespräch mit Gott, sondern du sprichst damit auch eine Einladung an Gott aus, in alle Facetten deines Alltags hineinzukommen. Bete große, mutige Gebete. Und dann warte ab. Beobachte. Sei bereit.

Gott ist gut. Wenn du merkst, dass du daran zweifelst, dann sag dir das ein paarmal vor, und denke über die Dinge nach, die in deinem Leben *richtig* laufen. Gott kann alles tun, und wenn er etwas tut, dann ist das gut. Nimm dir heute Zeit, um über eine Gelegenheit nachzudenken, bei der Gott deine Gebete erhört hat. Wenn dir nichts einfällt, dann sprich doch mit anderen Christen, und erkundige dich bei diesen, ob sie schon einmal eine Gebetserhörung erlebt haben. Egal, ob es um eine eigene Erfahrung geht oder zum Beispiel um die einer Freundin: Sich an erhörte Gebete zu erinnern ist ermutigend. Vertraue darauf, dass Gott gut ist und Gebete erhört. Das wird dir Mut machen, wenn du dich mit deinen Bitten an ihn wendest.

Ganz gleich, was vielleicht gerade schiefläuft, außer Kontrolle ist oder dich in Panik versetzt: Gott kann das Unmögliche tun.

Gebetsanstoß
Herr, ich möchte mit dir über die Person sprechen, die mir gerade das
Leben schwer macht: _____ .

Mittagsgedanken

Unsere Gebete mögen merkwürdig klingen. Unsere Versuche
mögen schwach sein. Aber weil die Kraft des Gebets
von dem abhängt, der es hört, und nicht von dem,
der es spricht, bewirken unsere Gebete Veränderung.
Max Lucado, Autor und Pastor

Deine Gebete bewirken etwas, bete also weiter!

Heute Morgen hast du für jemanden gebetet, der dir das Leben schwer macht, und heute Nachmittag soll es darum gehen, für jemanden zu beten – jemanden, der nicht zu deiner Familie oder deinem Freundeskreis gehört –, der ein Segen für dich ist. Das kann jemand sein, der *gerade jetzt* ein Segen für dich ist, oder jemand, der dein Leben früher positiv beeinflusst hat.

* Vielleicht ein Trainer, der deine Begabung erkannt hat.
* Vielleicht eine Lehrerin in der Sonntagsschule oder dein Jugendleiter, die dich in deinem Glaubensleben weitergebracht haben.
* Vielleicht das Elternteil einer Freundin, das in dir die Leidenschaft fürs Kochen geweckt hat.
* Vielleicht ein Lehrer, der dich inspiriert hat, einen bestimmten Berufsweg einzuschlagen.

- Vielleicht eine Nachbarin oder ein anderer Erwachsener, die sich immer gefreut haben, dich zu sehen.

Diese Menschen, die dein Leben positiv beeinflusst haben, waren Gottes Geschenk an dich. Gott hat dich durch sie zu der Person geformt, die er im Sinn hatte, als er dich erschuf. Danke Gott also für den Menschen, der für dich ein Segen war.

Abendbetrachtung

Herr, hilf mir, beim Beten deinem Reden genauso aufmerksam zu lauschen, wie du auf meines hörst. Amen.

Hast du heute an die Person gedacht, die dir das Leben schwer macht? Hast du für sie gebetet? Und was ist mit der Person, die ein Segen für dich war? Falls du es vergessen hast, dann denke jetzt an die Betreffenden.

Lass uns heute Abend einmal für einen Menschen beten, den du vielleicht überhaupt nicht auf dem Schirm hast: jemand, der dich im Geschäft bedient, dein Auto repariert, deinen Rasen mäht oder mit deinem Kind zusammen in die Schule geht oder studiert.

Vielleicht ist diese Person arm.

Vielleicht hat diese Person eine körperliche Beeinträchtigung.

Vielleicht hat diese Person keine besonders liebevolle Familie.

Vielleicht hat diese Person kein festes Dach über dem Kopf.

Vielleicht braucht diese Person besonderen Schutz, weil sie schon sehr alt oder noch sehr jung ist.

Das kann jemand sein, den du sehr gut kennst; es kann aber auch jemand sein, dessen Namen du noch nicht einmal weißt. Versuche, immer wieder an diese Person zu denken und für sie zu beten. Bitte Gott, dieser Person genau das zu geben, was sie braucht.

Wenn du heute für andere Menschen betest, dann mach dir auch einmal Gedanken darüber, welche Auswirkungen deine Gebete schon auf das Leben anderer hatten und noch haben können.

Hast du schon einmal für jemanden gebetet, der dir am Herzen lag, und konntest wenig später tatsächlich sehen, dass sich in seinem Leben etwas veränderte? Hat schon einmal jemand für dich gebetet und du konntest diese positiven Auswirkungen selbst erleben?

Wenn ja, dann nimm dir einen Augenblick Zeit, um diese Erfahrung auf den beiden leeren Seiten am Ende des Kapitels festzuhalten. Das wird dich ermutigen, während du betest und auf Gottes Antwort wartest.

Wie ist es dir heute beim Beten ergangen?

Hast du oft mit Gott gesprochen?

Falls nicht, ist es noch nicht zu spät.

An dieser Stelle möchte ich noch eine Herausforderung aussprechen: Hast du aufgehört zuzuhören?

Du hast für dieses Wochenende vielleicht jede Menge Aktivitäten eingeplant, aber hast du auch Zeit für Gott eingeplant?

Ich meine so *richtig* Zeit. Wenn du noch nicht auf sein leises Reden gelauscht hast, hast du das Beste verpasst.

Zieh dich an diesem Wochenende eine Weile zurück, um innerlich zur Ruhe zu kommen und nur auf das zu hören, was Gott dir in deinem Herzen und deinem Geist oder durch sein Wort über die Person zu verstehen gibt, für die du heute gebetet hast.

Mein Gebet

Tag 20: Samstag

Samstags-Challenge

Das Gebet für dein Land

Morgenandacht

Heute will ich dich einladen, für dein Heimatland zu beten. Du meine Güte! Das klingt für dich vielleicht befremdlich und nach viel Arbeit! Aber Paulus sagte: „Vor allem anderen fordere ich euch auf, für alle Menschen zu beten. Bittet bei Gott für sie und dankt ihm. So sollt ihr für die Herrschenden und andere Menschen in führender Stellung beten, damit wir in Ruhe und Frieden so leben können, wie es Gott gefällt und anständig ist. Das ist gut und macht Gott, unserem Erlöser, Freude. Er möchte, dass jeder gerettet wird und die Wahrheit erkennt" (1. Timotheus 2,1–4).

Vielleicht bist du überwältigt von all dem, was in deinem Land vor sich geht, und fragst dich, ob du überhaupt was tun kannst, um irgendetwas zu verändern. Aber wo du persönlich vielleicht keinen Einfluss hast, können deine Gebete etwas bewegen. Nichts ist zu unerreichbar, zu gewichtig oder zu weit weg, um nicht dafür zu beten. Es gibt Menschen, die dazu berufen sind, in leitender Funktion auf lokaler, nationaler und sogar internationaler Ebene tätig zu sein. Und wenn du nicht einer von ihnen bist, dann ist es deine Aufgabe, für diese Menschen zu beten, die zum Führen berufen sind.

Wann hast du zum letzten Mal für dein Land gebetet? Für dein Staatsoberhaupt, das Parlament, die Regierung? Während man so sehr mit dem beschäftigt ist, was Gott für einen selbst tun soll, vergisst man leicht, die eigene „Gebetskraft" einzusetzen, um für die Führungspersönlichkeiten der eigenen Heimat zu beten.

Hast du in dieser Woche in den Nachrichten etwas gehört oder gelesen, das dich traurig gemacht hat? Hat etwas Angst und Sorgen in dir geweckt? Bete heute dafür.

Gebetsanstoß
Lieber Gott, du weißt, welche Sorgen ich mir gerade um unser Land mache. Gott, bitte hilf, rette, tröste, befreie und korrigiere, wo etwas aus dem Gleichgewicht ist.

Wenn du für deine Heimat und auch für andere Länder betest, wird dir wahrscheinlich bewusst, wie gesegnet du bist.

Selbst wenn es Aspekte in deinem Leben gibt, die nicht ganz so sind, wie du es gern hättest, besitzt du wahrscheinlich trotzdem noch mehr als die meisten anderen Menschen auf dieser Welt.

Denke einmal darüber nach, wo du gesegnet bist – und dann denke an eine andere Person oder eine Gruppe von Menschen, die das, was für dich vielleicht selbstverständlich ist, nicht haben.

Gebetsanstoß
Lieber Gott, ich bin gesegnet, weil du _____.
Ich will für _____ beten, die nicht die Nahrung, die Unterkunft, den Schutz, die medizinische Versorgung, den Frieden oder die Rechte haben, die ich genieße.

Mittagsgedanken

„[Wenn] mein Volk, das meinen Namen trägt, dann Reue zeigt,
wenn die Menschen zu mir beten und meine Nähe suchen und
zu mir zurückkehren, will ich sie im Himmel erhören und
ihnen die Sünden vergeben und ihr Land heilen."
2. Chronik 7,14

Vielleicht fragst du dich gerade, ob deine Gebete für dein Land etwas bewirken. Lass dich aber trotzdem nicht vom Beten abhalten, wenn diese Frage an dir nagt.

Führe dir noch einmal vor Augen, wofür du heute Morgen gebetet hast, und danke Gott dafür, dass du die Möglichkeit hast, ihm zu sagen, was du auf dem Herzen hast, und dass er dich hört.

Und dann vertraue ihm. Vertraue darauf, dass er deine Gebete hört und erhört. Du brauchst nie daran zu zweifeln. Und wenn du merkst, dass du es doch tust: Bete trotzdem.

Ich weiß, dass es entmutigend sein kann, für die eigene Heimat zu beten und dann zu sehen, wie viel Leid, Schmerz, Verfall, Vorurteile es doch in einem Land gibt, dessen Grundgesetz auf christlichen Werten basiert. Wie leicht kann uns das in eine „Es nützt ja doch nichts-Einstellung" herunterziehen.

Aber was ist, wenn gerade die Gebete von Christen verhindern, dass es noch schlimmer wird? Was ist, wenn deine Gebete, so unbedeutend sie dir auch vorkommen, der Schutzwall sind, der eine Flut von Konsequenzen abhält, da viele Menschen nicht länger Gottes Weg folgen?

Was ist, wenn deine Gebete so wie die von Abraham sind, der damit die Zerstörung von dem Ort fernhielt, der Gott den Rücken gekehrt hatte und dessen Bewohner seelisch und moralisch verkommen waren? Was ist, wenn …?

Gott hört dich, wenn du dich an ihn wendest.

In meiner Not betete ich zum Herrn, und der Herr
hat mich erhört und mir Freiheit geschenkt.
Psalm 118,5

Abendbetrachtung

Glücklich ist das Volk, dessen Gott der Herr ist und
das er sich zu seinem Eigentum erwählt hat.
Psalm 33,12

Ich hoffe, du konntest heute spüren, dass deine Gebete Gott erreicht haben. Auch wenn du dich dabei vielleicht klein fühlst, so setzen deine Gebete doch Gottes Hand in Bewegung.

Welches Problem deiner Heimat hat dir heute am meisten auf dem Herzen gelegen? Sprich weiter mit Gott über diese Sache, wenn du in den Nachrichten davon hörst oder liest und wenn du bemerkst, dass sie negative Auswirkungen auf Menschen hat, die du kennst und liebst.

Mir persönlich machen die ethnischen, kulturellen und die sozioökonomischen Spaltungen in unserer Gesellschaft Sorgen. Ich weiß, dass Gott sich für sein Volk Einheit wünscht, aber selbst in der Kirche erleben wir das nicht immer. Jedes Mal, wenn mir das auffällt – ob ich nun gerade meinen Jungs etwas vorlese, im Internet darüber stolpere oder in Diskussionen davon höre –, spreche ich mit Gott darüber.

Deshalb hier ein paar Anregungen fürs Gebet:

- Bete für alle, die dieses Land in irgendeiner Funktion regieren.
- Bete für Frieden mit anderen Ländern.
- Bete für Frieden im Land selbst.
- Bete für die Menschen, die nicht genug zum Leben haben.
- Bete für die Privilegierten – dafür, dass sie gute Verwalter dessen sind, was Gott ihnen anvertraut hat.
- Bete dafür, dass Menschen die lebensverändernde Kraft Jesu erfahren.
- Bete dafür, dass die Christen anderen mit Mitgefühl und Nachsicht begegnen – und mit Entschlossenheit, wo dies nötig ist.

Ich möchte dich ebenfalls einladen, für diejenigen zu beten, die in irgendeiner Weise den Bewohnern deiner Heimat dienen: für die Polizisten, die oft gefährliche Einsätze machen und immer mehr Gegenwind erleben. Für die Männer und Frauen bei der Bundeswehr, die ebenfalls für den Schutz des Landes zuständig sind und manchmal auf Auslandseinsätze geschickt werden. Für das medizinische Personal, das viele Stunden und oft unter harten Bedingungen arbeitet. Für Menschen, die sich um die Alten und Kranken kümmern. Für Personen, die in Hospizen tätig sind und Menschen in ihren letzten Stunden begleiten. Für diejenigen, die Tag für Tag den Müll abholen und so für Ordnung sorgen. Für die Kassiererinnen an der Supermarktkasse, die es oft mit gestressten Kunden zu tun bekommen. Und für alle anderen, die dir an dieser Stelle einfallen.

Mein Gebet

Tag 21: Sonntag

Sabbat-Gebet

Unterstützung für den Leib Christi: das Gebet für Christen,
die andere in ihrem geistlichen Wachstum unterstützen

Morgenandacht

Es ist Sonntag! Heute ist der Tag, an dem du für deine geistliche Heimat betest und für die Menschen, die deinen Glauben teilen. Manche dieser Personen dienen dir regelmäßig, wie zum Beispiel dein Pastor oder die Pfarrerin. Manche dieser Personen dienen gemeinsam mit dir, zum Beispiel leitende Mitarbeiter, Älteste, Diakone oder diejenigen, die sonntagmorgens zusammen mit dir den Kindergottesdienst auf die Beine stellen.

Aber es gibt auch noch weitere: Manche von ihnen haben es sich zur Lebensaufgabe gemacht – entweder beruflich oder privat –, sich in andere zu investieren, indem sie für ihr seelisches Wohlbefinden sorgen oder ihnen helfen, ihre Beziehung zu Gott zu vertiefen. Denke deshalb einen Augenblick darüber nach, wem du im Internet oder im Fernsehen zuhörst oder wessen geistliche Ratgeber du liest. Wer hat dir durch Radio, Bücher oder Zeitschriften oder auf YouTube und Co. geholfen, dich spirituell weiterzuentwickeln?

Hast du dir schon einmal darüber Gedanken gemacht, dass diese Menschen auch deine Gebete brauchen?

Kannst du dich noch daran erinnern, welche Predigten oder Vorträge für dich besonders wichtig waren? Wer hat diese Predigten und Vorträge gehalten? Nutzt du eine Bibellese? Ein Andachtsbuch? Hörst du dir christliche Podcasts an? Schaust du dir die Predigten oder Gottesdienste eines bestimmten Pastors im Internet oder Fernsehen an? Hat dich jemand geistlich ermutigt, weil er dich an seinem Leben teilhaben ließ? Gibt es jemanden, den du besonders schätzt, weil er oder sie dir geholfen hat, geistlich zu wachsen? Bete heute für diese Person.

Nichts beweist mehr, dass du jemanden schätzt und gern hast, als wenn du für ihn oder sie betest.

> **Gebetsanstoß**
> *Lieber Gott, ich danke dir für _____. Segne ihn/sie dafür, dass er/sie mir durch _____ dabei geholfen hat, geistlich zu wachsen. Schenke ihm/ihr Kraft, damit er/sie weiter ein Segen für andere sein kann.*

Mittagsgedanken

Man gibt sein Leben nicht einfach einen Augenblick lang hin.
Was ein Leben lang dauert, kann nur ein Leben lang gegeben werden.
Elisabeth Elliot, Missionarin

Ein hingegebenes Leben zu führen ist nicht einfach. Wenn es das wäre, würden alle das tun. Denke mal an jemanden, den du dafür bewunderst, wie er/sie lebt, mit anderen umgeht und so weiter. Was tut diese Person, um ein hingegebenes Leben zu führen? Wenn du dich nach dem sehnst, was diese Person hat: Welche ihrer Gewohnheiten und Eigenschaften könnten dir da weiterhelfen:

- Beschäftigt sie sich regelmäßig mit der Bibel?
- Praktiziert sie geistliche Übungen?
- Hat sie eine gute Art, mit anderen zu kommunizieren?
- Setzt sie sich mit ganzer Kraft für mehr Gerechtigkeit ein?
- Erzählt sie anderen von Jesus?
- Dient sie bescheiden und demütig?

Was könntest du von Christen, deren Vorbild du folgen willst, lernen?

Die Jünger konnten beispielsweise beobachten, dass Jesus sehr häufig Zeit im Gespräch mit seinem Vater verbrachte. Es ist daher etwas Gutes, andere mit der Bereitschaft zu beobachten, von ihnen zu lernen. Wir sind aufgerufen, ein hingegebenes Leben zu führen – und das ist ein lebenslanges Projekt. Mach dir deshalb keine Gedanken, wenn es dir nicht oder nicht immer gelingt. Folge einfach weiter deinem Weg.

Abendbetrachtung

Du kannst die Antwort auf das Gebet eines anderen sein. Halte die Augen dafür offen.

Wir neigen dazu, Menschen, die wir (geistlich) bewundern, auf ein Podest zu stellen. Wenn sie auf der Bühne stehen, wir ihnen übers Radio zuhören, ihre Beiträge im Fernsehen anschauen, dann haben wir manchmal den Eindruck, dass sie Gott viel besser kennen als wir oder als könnten sie seine Stimme so klar und deutlich hören, wie es uns einfach nicht möglich ist.

Ich will dir ein Geheimnis verraten: Das ist ein Irrtum. Vielleicht haben die Menschen, die sich geistlich um dich kümmern, ja wirklich eine besondere theologische Aus- oder Fortbildung genossen oder sind in einer gläubigen Familie aufgewachsen und schon seit ihrer Kindheit Christ. Aber das ist nicht der Hauptgrund, der sie dazu befähigt, dir kraftvoll zu dienen. Menschen, durch die Gott etwas bewegt, haben vor allem eine Eigenschaft – egal, welche Erfahrungen, Fähigkeiten und Begabungen sie besitzen oder was sie bislang erlebt haben.

Sie sind bereit. Sie stellen sich Gott zur Verfügung.

Wenn Gott sie ruft, sagen sie Ja. Wenn Gott sie auffordert, etwas Herausforderndes zu tun, sagen sie Ja. Wenn er sie einlädt, ein Risiko einzugehen, sagen sie Ja. Wenn Gott sie an einen bestimmten Ort schickt, sagen sie Ja. Und weil sie Ja gesagt haben, sind sie schließlich dort gelandet, wo sie auch dir geholfen haben, dich geistlich weiterzuentwickeln. Wirst du also auch Ja sagen, wenn Gott eine Einladung ausspricht? Ich hoffe es. Es könnte dir helfen, jemanden geistlich weiterzubringen oder vielleicht sogar die Antwort auf die Gebete dieser Person zu sein.

Weißt du was? Es sind nur noch sieben Tage bis zum Ende unserer 28-tägigen Reise. Wie hat sich dein Gebetsleben durch die regelmäßigen Erinnerungshilfen daran, mit Gott zu sprechen, verändert? Haben die Schritte in diesem Buch es dir erleichtert, etwas mehr oder regelmäßiger mit ihm zu sprechen? Ich hoffe schon. Ich habe jedenfalls festgestellt, dass die einzelnen Einladungen in diesem Buch mir dabei geholfen haben, zielgerichteter und häufiger das Gespräch mit dem allmächtigen Gott zu suchen.

Am Beginn dieser letzten Woche habe ich mich gefragt: Wenn Beten gar nicht so schwer ist und wenn es auch keine große Sache ist, „ohne Unterlass" zu beten und die Kommunikation mit Gott aufrechtzuerhalten, warum tun wir es dann nicht öfter? Warum ist es für viele so ein Kampf? Warum ist es so schwierig, sich zuerst an Gott zu wenden? Ein Grund könnte der sein, dass wir nicht wirklich daran glauben, dass Gebet funktioniert. Ein zweiter Grund könnte sein, dass wir denken, wir würden schon irgendwann Zeit haben, mit Gott über unsere Sorgen zu sprechen. Wir haben das Gefühl, dass es ja nicht eilt, ihm von unseren Gefühlen zu erzählen, ihn nach seiner Meinung zu unserer Situation oder um seine Führung für unser Leben zu bitten. Wir wollen ja für Dinge beten. Wir kommen nur nicht immer dazu.

Doch was ist, wenn Beten tatsächlich etwas bewirkt?

Wenn wir nicht beten oder wenn wir es vor uns herschieben, Gott bei allem um Unterstützung zu bitten, bringen wir uns vielleicht um seine Fürsorge, sein Eingreifen oder die Zeichen seiner Güte. Ich möchte dich deshalb noch einmal einladen, nicht zu warten. Handle nicht so, als hättest du noch viel Zeit. Konzentriere dich in dieser Woche bewusst darauf, mit Gott zu sprechen – *oft* mit ihm zu sprechen. Räume den Gebeten Priorität ein.

Wie wäre es, wenn du dich noch kurz mit ihm unterhältst, bevor du zu Bett gehst? Warte nicht bis morgen. Er will jetzt mit dir sprechen.

Ende der 3. Woche

Rückblick

Ich weiß nicht, wie es dir geht, aber wenn ich mir eine neue Gewohnheit zulegen möchte, ist das eine echte Herausforderung. Wenn ich den Entschluss fälle, regelmäßig Sport zu treiben oder mich gesund zu ernähren, fange ich immer voller Begeisterung an, aber nach einigen Tagen verliere ich langsam die Lust. Vielleicht liegt es daran, dass die Ergebnisse sich nicht so schnell einstellen, wie ich gehofft hatte, oder vielleicht habe ich auch den eigentlichen Grund für diese Entscheidung aus den Augen verloren. Aber wie dem auch sei: Bei einer neuen Gewohnheit kann vor allem die dritte Woche sehr hart sein.

Vielleicht geht es dir ja ähnlich. Deshalb hier mein Tipp: Wenn du merkst, dass das Feuer, mit dem du die Challenge begonnen hast, nachlässt, dann ist das nicht schlimm. Wir leben in einer Welt voller Ablenkungen; so viele Menschen, Dinge und Ereignisse buhlen um unsere Aufmerksamkeit. Uns eröffnen sich jeden Tag so viele Möglichkeiten, wie wir unsere Zeit verbringen können. Es ist also kein Wunder, dass wir manchmal den Weg aus den Augen verlieren.

John Piper hat einmal gesagt: „Der größte Nutzen von Twitter und Facebook wird einmal darin bestehen, am Tag des Jüngsten Gerichts zu beweisen, dass wir nicht etwa deshalb so wenig gebetet haben, weil wir keine Zeit gehabt hätten."

Autsch! Du kannst statt Twitter oder Facebook auch deine eigenen Ablenkungen einsetzen, aber dieser Ausspruch enthält viel Wahres.

Wenn wir zu viele Stunden in den sozialen Netzwerken, mit Netflix oder mit was auch immer verbringen, das uns davon abhält, mit Gott zu sprechen, können wir nicht behaupten, dass wir nicht beten, weil wir keine Zeit hätten.

Wenn es dir in dieser Woche schwergefallen ist, dranzubleiben, dann ist das nicht schlimm. Seine Gnade ist jeden Morgen neu. Aber sei doch einmal ehrlich zu dir selbst, und denke darüber nach, was dich in den vergangenen Tagen vom Beten abgehalten hat – geistig, körperlich oder seelisch. Notiere dir ein paar der Dinge, die dich am meisten abgelenkt haben, und überlege, was du in der kommenden Woche tun kannst, um dich nicht länger so stark davon ablenken zu lassen. Wenn du zum Beispiel zu viele Stunden in den sozialen Netzwerken verbringst, könntest du die Zeit bewusst begrenzen oder Handy und Tablet in ein anderes Zimmer legen, während du betest. Wenn du bis spät abends fernsiehst und dich deshalb nicht mehr auf das Gespräch mit Gott konzentrieren kannst, dann lege doch die Fernbedienung unter deine Bibel, um dich daran zu erinnern, dass du erst einmal betest, bevor du fernsiehst. Sei ein bisschen kreativ, und tu, was auch immer nötig ist, um dich in diesem Bereich zu unterstützen.

Denke zu Beginn der letzten Woche unserer Gebetsreise einmal über Folgendes nach:

* „Welche Rolle spielen Ablenkungen bei meiner Zeit mit Gott? Wie kann ich Dinge meiden, die meine Aufmerksamkeit von Gott ablenken?"
* „Was hat Gott mir in dieser Woche über sich selbst gezeigt? Was habe ich über andere gelernt? Was hat er mir über mich selbst beigebracht?"

- „Welche Veränderungen habe ich an mir selbst beobachtet, weil ich in den vergangenen Wochen regelmäßiger gebetet habe?"
- „Wo hat Gott meine Gebete auf unerwartete Weise beantwortet?"

Woche 4

Tag 22: Montag

Lob und Dank

Die bewusste Entscheidung
für eine dankbare Lebenseinstellung

Morgenandacht

Der Beginn einer neuen Woche ist eigentlich etwas ganz Tolles. Warum? Weil du die Wahl hast. Du kannst in vieler Hinsicht – geistig und emotional – von vorn anfangen und dich entscheiden, wie du diese neue Woche angehen willst. Du kannst entscheiden, wie du diesem neuen Tag begegnen und wie du dich zu den Gelegenheiten, Herausforderungen und Erlebnissen der nächsten Tage stellen willst.

An den Montagen dieser Challenge haben wir Gott bislang immer dafür gedankt, wie er uns in geistlicher Hinsicht, in Beziehungsdingen oder rein äußerlich gesegnet hat. Mit einer dankbaren Einstellung zu leben ist jedoch eine Entscheidung, die wir täglich treffen müssen. Es ist nicht nur ein Gehorsamsschritt Gott gegenüber, sondern es formt uns und prägt unsere Reaktion auf alles, mit dem wir konfrontiert werden.

Wenn du dich bewusst für die Dankbarkeit entscheidest, statt zu jammern und alles gleich negativ zu sehen, kann das die Art und Weise prägen, wie dein Verstand und dein Herz die Umstände interpretieren. Gott fordert uns in der Bibel zum Danken auf – nicht nur, weil es das Richtige und angebracht ist, sondern weil es ein Segen für uns ist. Dankbarkeit verändert *uns*.

Wenn du Gott für das dankst, was du hast, erkennst du vielleicht erst einmal, wie viel dir geschenkt wurde. Wenn du Gott dafür lobst, wer er ist, und ihm für das dankst, was er getan hat, dann erkennst du an, wie mächtig er ist – mächtiger als deine Probleme. Und selbst wenn du große Probleme hast, wirst du entdecken, dass du einem noch größeren Gott dienst. Wenn du deinen Verstand darauf trainierst, das zu sehen, was gut ist, hat er weniger Raum, sich auf das Negative zu konzentrieren. Dein Herz kann nicht gleichzeitig dankbar und entmutigt sein. Deshalb lade ich dich heute ein, dich für die Dankbarkeit zu entscheiden, vor allem in den Bereichen und an den Tagen, an denen du am meisten zu kämpfen hast.

Gebetsanstoß
Lieber Gott, ich will dir heute bewusst danken für _____ .

Mittagsgedanken

Der Montag ist der Tag, an dem wir Gott danken und loben. Heute, zu Beginn der letzten Woche unserer Reise, möchte ich einige Anregungen weitergeben, wie eine Haltung der Dankbarkeit aussehen kann. Hier eine meiner Lieblingsbibelstellen, über die du heute Nachmittag nachdenken kannst. Vielleicht inspiriert sie dich ja ebenfalls.

Herr, von ganzem Herzen will ich dir danken!
Dir und keinem anderen Gott will ich singen.
Vor deinem heiligen Tempel werfe ich mich nieder,
ich preise dich für deine Gnade und Treue.
Ja, du hast bewiesen, wie zuverlässig dein Wort ist
und wie überragend dein ruhmreicher Name.

Als ich zu dir um Hilfe schrie,
hast du mich erhört und mir neue Kraft geschenkt.
Herr, alle Herrscher dieser Welt werden dich preisen,
wenn sie von deinen Zusagen hören!
Sie werden besingen, was du, Herr, getan hast,
denn unermesslich ist deine Hoheit und Macht.
Ja, du bist hoch erhaben –
trotzdem sorgst du für die Erniedrigten und
durchschaust die Stolzen schon aus weiter Ferne!

Selbst wenn ich von allen Seiten bedrängt werde,
erhältst du mich doch am Leben!
Du stellst dich meinen zornigen Feinden entgegen und
rettest mich durch deine Macht.
Ja, Herr, du bist auch in Zukunft für mich da,
deine Gnade hört niemals auf!
Was du angefangen hast, das führe zu einem guten Ende!
Psalm 138 (Hoffnung für alle)

So klingt Lob!

Abendbetrachtung

Seid immer fröhlich. Hört nicht auf zu beten.
Was immer auch geschieht, seid dankbar,
denn das ist Gottes Wille für euch, die ihr Christus Jesus gehört.
1. Thessalonicher 5,16–18

Vielleicht hast du einen langen Tag hinter dir. Vielleicht treiben deine Kinder dich in den Wahnsinn. Vielleicht hast du vergessen, das Abendessen zu planen, und jetzt sind alle genervt und schlecht gelaunt, einschließlich dir. Vielleicht ging es auf der Arbeit hoch her. Vielleicht ist die Beziehung zu deinem Partner gerade etwas unterkühlt. Vielleicht kostet die Autoreparatur mehr, als du erwartet hattest. Vielleicht sitzen deine Klamotten momentan etwas zu eng. Vielleicht hat dein Drucker den Geist aufgegeben und du musst unbedingt ein wichtiges Dokument ausdrucken. Vielleicht bist du gereizt, dein Herz ist ein bisschen verhärtet, und der Tag war ohnehin schon viel zu lang. Ich kenne das aus eigener Erfahrung. Danke Gott trotzdem. Notiere dir noch ein paar Dinge auf deiner Liste. Es gibt immer etwas, wofür man danken kann.

Wenn du nicht bereit bist, eine dankbare Haltung einzunehmen, wird man das an deinem Leben ablesen können. Du wirst dich über das beklagen, was du nicht hast, anstatt das zu schätzen, was du hast. Du nimmst immer das Schlimmste von anderen an, statt ihre guten Seiten zu sehen. Und es entgeht dir sogar, wie Gott die Probleme in deinem Leben dazu benutzt, dich innerlich stärker und Jesus ähnlicher zu machen.

Aber wenn du eine dankbare Haltung hast, wird dein Leben zu einem wunderbaren Zeugnis für den Geber aller Gaben. Du wirst in der Lage sein, ein einfacheres Leben zu führen und dankbar zu sein, ohne dich an Dinge zu klammern. Du wirst dich an den Menschen um dich herum erfreuen. Und du bekommst sogar einen Blick dafür, wie Gott eine Situation, in die du dich niemals freiwillig hineinbegeben hättest, zu deinem Besten gebraucht.

Dankbarkeit kann dein Leben verändern.

Gebetsanstoß

Lieber Gott, ich danke dir für _____.

Ich bete dafür, dass du auch nach dem Ende unserer Gebetsreise weiter nach Dingen Ausschau hältst, für die du dankbar sein kannst.

Mein Gebet

....

....

....

....

....

....

....

....

....

....

....

....

....

....

....

....

....

....

Tag 23: Dienstag

Umkehr

Anderen vergeben

Morgenandacht

Vergib!

Oje, auch dir einen wunderschönen guten Morgen!? Das wird ein krasser Tag. Warum? Weil man an manchen Tagen schon im Voraus beschließen muss, den Menschen zu vergeben, die einen auf der Arbeit wahnsinnig machen werden. An manchen Tagen muss man beschließen, der Mitbewohnerin mit Nachsicht zu begegnen, wenn man ihr am liebsten den Marsch blasen würde, weil sie schon wieder das schmutzige Geschirr stehen gelassen hat. An manchen Tagen muss man sich durch die Wut hindurchkämpfen, die in einem brodelt, weil man es satthat, dass das Geld so knapp ist und der Ex-Mann den Unterhalt nicht regelmäßig zahlt.

Vergib.

Warum? Als Jesus seinen Jüngern beibrachte, wie man betet, knüpfte er unsere Bitte an Gott, uns zu vergeben, an unsere Bereitschaft, anderen zu vergeben.

Das machen wir uns jedes Mal bewusst, wenn wir in unserer Gemeinde beim Vaterunser beten: „... und vergib uns unsere Schuld, wie auch wir vergeben unseren Schuldigern" (Matthäus 6,12). Vergebung zu empfangen und selbst anderen zu vergeben, gehören untrennbar zusammen.

Möchtest du wirklich, dass Gott dir in dem Maß vergibt, wie du anderen vergeben hast?

Jemandem zu vergeben mag dir schwerfallen, aber vergiss nie: Du wirst niemals ans Kreuz genagelt werden für das, was deine Feinde getan haben. Aber Jesus schon.

Es gibt nichts, *absolut gar nichts*, was dir jemals jemand antun könnte, das schlimmer ist als das Leid, das deine Schuld Jesus Christus angetan hat. Beschließe also schon im Vorfeld zu vergeben. Es wird dir besser gehen, wenn du das tust.

Mittagsgedanken

Vielen von uns fällt es schwer zu vergeben, weil es uns dann so vorkommt, als nähmen wir denjenigen, der uns verletzt hat, aus der Verantwortung. Wir fürchten, Vergebung bedeute, wir akzeptierten das, was der Betreffende uns angetan hat, oder nähmen es einfach hin. Das Problem ist aber, dass *wir* es sind, die eine Last mit sich herumtragen, wenn wir uns weigern zu vergeben.

Und wenn wir vergeben, legen wir diese Last ab.

Eine weniger hilfreiche und alles andere als biblische Redensart zum Thema „Vergebung" lautet: „Vergeben und vergessen." Das ist zwar ein hehrer Wunsch, aber wir können das, was uns zugefügt wurde, meist nicht vergessen. Allerdings können wir uns aus dem Klammergriff befreien, in dem dieses Erlebnis uns hält. Vergebung bedeutet nicht immer, dass wir das Geschehene vergessen, aber Vergebung befreit uns von der Last, die wir seither mit uns herumschleppen.

Vergebung bedeutet also, etwas loszulassen, das du festhältst, weil du jemanden nicht ungestraft davonkommen lassen willst, der dich verletzt hat. Vielleicht bist du sogar so ehrlich, dir einzugestehen, dass du dir wünschst, der Betreffende solle dafür büßen. Lass deinen Schmerz los! Versuche zu vergeben. Wage den großen Schritt, zu dem Gott dich auffordert – nicht, weil es vernünftig klingt oder sich gut anfühlt, sondern weil du darauf vertraust, dass er weiß, was gut für dich ist. Ich bin mir bewusst, dass der Gedanke daran, etwas loszulassen, beängstigend ist. Ich weiß, dass es unangenehm ist, dieses unbekannte, unerforschte Neuland zu betreten, in das du von deinem Gegenüber nicht eingeladen wurdest.

Aber wenn Gott dir zu verstehen gibt, dass er genau das von dir möchte, dann vertraue ihm auch diesen Aspekt deines Lebens an. Lass los. Vergib. Vertraue. Bete. Gehe. Bleibe. Renne. Kehre um. Knie nieder. Bete. Gleichgültig, welches Gefühl in dir hochkommt, wenn du an Vergebung denkst: Sprich gleich jetzt mit Gott darüber. Halte kurz inne, um mit Gott über das zu sprechen, was dich bewegt. Er weiß schon davon, aber er will mit dir darüber reden.

Entschließe dich zu vergeben. Und denke daran, dass unser Vater im Himmel immer wieder bereit ist, *dir* zu vergeben – du musst nur eine Sache tun: darum bitten.

Wenn dir der Herr deine Sünden abnimmt, siehst du sie niemals wieder.
Er wirft sie ins tiefe Meer – vergeben und vergessen. Ich glaube sogar,
dass er ein Schild darüber anbringt: Fischen verboten!
Corrie ten Boom, Autorin

Abendbetrachtung

Manchmal möchte Gott, dass wir anderen die Schuld vergeben, die unser Leben sehr negativ beeinflusst hat:

* Vergib deiner biologischen Mutter, die dich zur Adoption freigegeben hat.
* Vergib dem Vater, der dich verlassen hat.
* Vergib der Person, die dich missbraucht hat.

Das sind allesamt gravierende Dinge! Wenn wir uns jedoch an die schwere Aufgabe machen, denen zu vergeben, die uns verletzt haben, kommen wir in den Genuss von Heilung und Wiederherstellung – all das, was Gott für unser Leben bereithält.

Aber es gibt auch kleinere Verletzungen, von denen Gott sich wünscht, dass wir sie vergeben. Erinnerst du dich noch an die Mitbewohnerin, die immer das schmutzige Geschirr stehen ließ? Oder vielleicht hast du ja einen Kollegen, der dir absichtlich falsche Informationen gibt. Vielleicht kommt deine Mutter ständig zu spät und das macht dich wahnsinnig. Oder vielleicht gibt dein Sohn ja immer freche Antworten. Gott möchte, dass wir die Bereitschaft entwickeln, unserem Gegenüber schnell zu vergeben.

Das bedeutet beispielsweise, dass du beschließen musst, solche Ärgernisse so rasch wie möglich loszulassen. Um es mit den Worten von Eiskönigin Elsa zu sagen: „Let it go, let it got ... Ich lass los, lass jetzt los."

Jemand aus deiner Familie hat das letzte Stück von deinem Geburtstagskuchen gegessen? Lass los. Auch wenn es dein Lieblingskuchen war, der sehr aufwändig herzustellen ist.

Dein Kind hat (wieder einmal) vergessen, das Katzenklo sauber zu machen? Lass los! (Natürlich erst, nachdem es sauber gemacht wurde! Sonst: Igitt!)

Deine Schwester oder dein Bruder hat deinen Geburtstag vergessen? Lass los.

Ein anderer Autofahrer hat dir die Vorfahrt genommen? Lass los.

Lerne, schnell zu vergeben, indem du den Entschluss fasst, Ärgernisse loszulassen.

An welchem Ärgernis hältst du gerade fest, von dem du dir sicher bist, dass Gott möchte, dass du es loslässt?

Mein Gebet

Tag 24: Mittwoch

Bitten

Beim Beten auf die Worte
aus der Bibel zurückgreifen

*Traurig? Bete. Du würdest am liebsten aufgeben? Bete. Denkst zu viel
nach? Bete. Verletzt? Bete. Deprimiert? Bete. Sorgen? Bete. Du kämpfst
gerade mit etwas? Bete.*

Manchmal weißt du unter Umständen einfach nicht, wie du beten
sollst. Vielleicht liegt es daran, dass du noch nicht viel Übung hast.
Vielleicht liegt es daran, dass du immer dasselbe betest. Vielleicht
hast du es satt, ständig um das Gleiche zu bitten und immer auf
Gottes Antwort zu warten. Vielleicht hast du für etwas gebetet und
warst enttäuscht, dass Gott nicht so geantwortet hat, wie du es dir ge-
wünscht hast. Oder vielleicht glaubst du, dass er *überhaupt nicht* geantwortet hat.

Wenn es dir so geht, möchte ich dir helfen. Die wichtigste Nachricht lautet, dass du jederzeit beim Beten all deine Gedanken, Wünsche, Tränen und Nöte in Worte fassen darfst. Aber manchmal kann
es auch hilfreich sein, auf die Worte eines anderen zurückzugreifen,
wenn du einfach nicht weißt, was du sagen sollst.

Hast du schon mal versucht, mit den Worten der Bibel zu beten?
Hast du schon mal probiert, mit Worten aus Gottes Wort zu ihm zu

kommen? Gott liebt sein Wort, und wenn du mit Worten aus der Bibel zu ihm kommst, ist das aus zwei Gründen schön:

1. Du musst kein großer Beter sein und ständig mit neuen Wendungen daherkommen.
2. Du musst dich nicht fragen, ob dein Gebet Gottes Willen entspricht. Sein Wort ist sein Wille!

Wenn du heute Anregungen fürs Gebet brauchst, kannst du dich von diesem Vers inspirieren lassen:

„Hört auf, euch Sorgen zu machen um euer Essen und Trinken oder um eure Kleidung. Warum wollt ihr leben wie die Menschen, die Gott nicht kennen und diese Dinge so wichtig nehmen? Euer himmlischer Vater kennt eure Bedürfnisse."
Matthäus 6,31–32

Mittagsgedanken

Wie wir schon heute Morgen gesehen haben, hat es zwei große Vorteile, wenn man beim Beten auf die Bibel zurückgreift: Du musst dir deine Worte nicht selbst ausdenken, und du kannst dir sicher sein, dass dein Gebet im Einklang mit Gottes Willen ist. Ein weiterer Vorteil ist der, dass wir lernen, wofür wir *immer* beten können.

Hier einige Bibelstellen, die zeigen, was Gott uns schenken möchte:

- 2. Korinther 9,8: „*Er wird euch großzügig mit allem versorgen, was ihr braucht. Ihr werdet haben, was ihr braucht, und ihr werdet sogar noch etwas übrig behalten, das ihr mit anderen teilen könnt.*" Wir lernen, dass Gott uns segnen möchte, sodass wir wiederum Gutes tun können.

- 2. Petrus 1,3 (Hoffnung für alle): „*Jesus Christus hat uns in seiner göttlichen Macht alles geschenkt, was wir brauchen, um so zu leben, wie es ihm gefällt. Denn wir haben ihn kennengelernt; er hat uns durch seine Kraft und Herrlichkeit zu einem neuen Leben berufen.*" Wir lernen, dass Gott uns befähigt, ein Leben zu führen, an dem er Freude hat.

- Johannes 10,10: „*Ein Dieb will rauben, morden und zerstören. Ich aber bin gekommen, um ihnen das Leben in ganzer Fülle zu schenken.*" Wir lernen, dass es dem Willen von Jesus entspricht, dass wir ein erfülltes Leben führen.

- Philipper 4,6: „*Sorgt euch um nichts, sondern betet um alles. Sagt Gott, was ihr braucht, und dankt ihm.*" Wir lernen, dass Gott möchte, dass wir durch das Vertrauen auf ihn innerlich zur Ruhe kommen.

Wenn wir mithilfe von Bibelstellen beten, können wir entdecken, was Gott sich für uns wünscht. Und es zeigt sich, dass das weder ein Porsche noch ein Wochenendhaus oder eine Jacht ist! Gott möchte, dass wir ein erfülltes, erfüllendes Leben führen können (Johannes 10,10), und in der Bibel entdecken wir, was das genau bedeutet.

Abendbetrachtung

Es gibt eine Reihe beliebter Bücher zum Thema „Gebet", die uns zeigen, wie wir mit Gott sprechen können. *Mein Äußerstes für sein Höchstes* von Oswald Chambers ist eines davon, *Ich bin bei dir* von Sarah Young ein weiteres. Vielleicht besitzt du ja auch bereits ein Buch mit Gebeten, die dir helfen, mit Gott zu sprechen.

Jesus hatte ebenfalls ein Gebetbuch. Es besaß jedoch keinen Ledereinband mit geprägter Schrift. Es hatte auch keine Spiralbindung. Es war noch nicht einmal ein Buch, das er in seiner Tasche mit sich herumtragen konnte. Die Gebete, die Jesus sprach, waren die Psalmen!

Die Psalmen enthalten viele Abschnitte, die man als Gebete lesen kann. Eines der bekanntesten Gebete ist sicher Psalm 23. Bete ihn doch heute Abend einmal.

Der Herr ist mein Hirte,
ich habe alles, was ich brauche.
Er lässt mich in grünen Tälern ausruhen,
er führt mich zum frischen Wasser.
Er gibt mir Kraft.
Er zeigt mir den richtigen Weg um seines Namens willen.
Auch wenn ich durch das dunkle Tal des Todes gehe, fürchte ich mich nicht,
denn du bist an meiner Seite. Dein Stecken und Stab schützen und trösten
mich.
Du deckst mir einen Tisch vor den Augen meiner Feinde.
Du nimmst mich als Gast auf und salbst mein Haupt mit Öl.
Du überschüttest mich mit Segen.
Deine Güte und Gnade begleiten mich alle Tage meines Lebens,
und ich werde für immer im Hause des Herrn wohnen.

Wenn du nicht weißt, wo du anfangen sollst, könntest du in deiner Gebetszeit auch diese Psalmen lesen: Psalm 16, 23, 51, 121 und 139. Ich freue mich darauf, wenn du entdeckst, wie schön es ist, mit den Worten aus Gottes Wort zu ihm zu beten.

Mein Gebet

Tag 25: Donnerstag

Hingabe

Wie sollen wir uns Gott hingeben?

Morgenandacht

Wie läuft deine Gebets-Challenge bisher? Betest du noch regelmäßig und häufig? Oder lässt du das Ganze etwas schleifen? Falls Letzteres der Fall ist, ist heute dein Tag! Drücke einfach auf „Neustart", und plaudere ein bisschen mit Jesus. Heute soll es darum gehen, sich Gott bewusst hinzugeben. Wie wäre es, wenn du die drei Gebete im Verlauf des Tages nutzt, um dich mit Gott zu unterhalten und die gemeinsame Zeit damit zu beenden, dass du ihm alle Bereiche deines Lebens anvertraust?

Bleib einfach im Gespräch mit dem Vater. Und denke den ganzen Tag über an das Wörtchen „loslassen", über das wir auch vorgestern schon gesprochen haben. Erinnere dich dadurch daran, dass du dich ihm in jedem Augenblick hingeben willst.

Mittagsgedanken

Gott lädt uns ein, so zu beten, dass unser Gebet
dem Ängstlichen in uns Angst macht.
Wenn deine Gebete dir keine Angst machen,
werden sie dem Feind ganz sicher auch keine Angst machen.
Lisa Bevere, Autorin

Betest du *große* Gebete? Bittest du Gott um das Unmögliche? Manchmal *sollten* deine Gebete dir Angst machen!

Ich möchte dir etwas erzählen: Vor Kurzem wurde mir etwas bewusst. Mir wurde bewusst, dass ich Gott nicht ganz vertraute und nicht wirklich erwartete, dass er meine Gebete erhören würde. Ich glaubte insgeheim, es sei einfacher, „kleinere" Gebete zu sprechen, um nicht so enttäuscht zu werden, statt das Risiko einzugehen, für etwas Großes zu beten und darauf zu vertrauen, dass Gott es Wirklichkeit werden lässt. Gott hat mir aber bewusst gemacht, dass ich so seiner Kraft in meinem Leben Grenzen setze.

Und ich denke, es ist bei dir genauso: Gott lädt auch dich ein, das Risiko einzugehen, enttäuscht zu werden – im Gegenzug könntest du aber auch erleben, dass er große Dinge tut. Was passiert, wenn du um etwas bittest und er Nein sagt? Wir haben ja schon gesehen, dass er im Grunde immer Ja sagt – aber manchmal ist es ein „Ja, aber noch nicht jetzt" oder ein „Ja, aber anders, als du es dir vorstellst". Wir sehen vielleicht nur nicht das Gesamtbild.

Loslassen bedeutet, ein Wagnis einzugehen. Und für große Dinge zu beten ist genau das: ein Wagnis.

Also vertraue dein Leben Gott an – alle Bereiche, alle Interessen, alle Wünsche. Liefere dich ihm ganz aus. Lass los. Beschäftige dich mit seinem Wort, und mach dich mit seinem Willen vertraut, wie er ihn uns in der Bibel offenbart. Befolge seine kleinen Anweisungen und gehorche den großen Geboten. Entwickle einen „radikalen Glauben", und sei bereit, darauf zu vertrauen, dass Gott dich letztlich nicht enttäuschen wird, wenn du deine Hoffnung auf ihn setzt.

Und dann hol tief Luft und spring ins kalte Wasser – vertraue ihm bei den unmöglichen Dingen! Hast du Gott schon einmal bei einer großen Sache vertraut und erlebt, wie er genau das getan hat, worum du ihn gebeten hattest? Notiere dir solche Dinge in deinem Tagebuch, um dich daran zu erinnern, dass Gott treu ist und Gutes in deinem Leben geschehen lässt.

Vielleicht hast du zwar einerseits den Mut, für Großes zu beten, hast aber gleichzeitig auch weiche Knie, weil du immer noch Angst hast, wirklich zu vertrauen. Vielleicht hast du auch Angst, dein gesamtes Leben Gott hinzugeben. Und vielleicht ist auch noch ein bisschen Zweifel mit im Spiel. Ich kenne das aus eigener Erfahrung.

Falls es dir so geht, möchte ich dich einladen, das folgende Gebet zu sprechen – immer in dem Bewusstsein, dass Gott groß und mächtig ist.

Gebetsanstoß

Lieber Gott, ich weiß, dass du mächtig bist. Du kannst das Unmögliche tun, auch wenn ich manchmal daran zweifle. Ich danke dir, dass du geduldig bist und in solchen Situationen Nachsicht mit mir hast.

Abendbetrachtung

Große Dinge werden nicht von großen Leuten getan –
Gott tut große Dinge durch Menschen, die sich ihm hingegeben haben.
Jennie Allen, Autorin

Dein Gebetsleben spiegelt deine Bereitschaft zur Hingabe wider. Deine Gebete sagen Gott, dass du bereit bist, ihm zu vertrauen, und dich nicht länger auf dich selbst verlassen willst.

Der Schlüssel zu vertrauensvollem Gebet besteht darin, für *alles* zu beten – für kleine und große, besondere und alltägliche Dinge. Und wenn du Gott um etwas gebeten hast, dann handle so, als würdest du glauben, dass er sich wirklich darum kümmern kann.

Ich weiß, dass du große Träume hast. Ich weiß, dass du geniale Wünsche hast. Ich weiß, dass du darauf vertrauen willst, dass er das Unmögliche tut.

Das, was Gott tun kann und will, übersteigt dein Bitten und Verstehen bei Weitem. Deshalb gib nicht auf zu beten. Und wenn du etwas an ihn abgegeben hast, dann lass es auch in seiner Hand und nimm die Last nicht wieder auf.

Bete voller Hingabe. Lebe voller Hingabe. Und dann schau zu, wie er große Dinge vollbringt!

Wenn du diese Art von Glauben hast, wirst du auch dann noch beten, wenn es aus einer Situation menschlich gesehen keinen Ausweg gibt.

Wenn du diese Art von Glauben hast, wirst du erkennen, dass es beim Beten darum geht, dass du einfach nicht alle Antworten hast.

Du betest, weil du beschlossen hast, daran zu glauben, dass er sie hat.

Und du betest, weil du beschlossen hast, ihm zu vertrauen – auf der ganzen Wegstrecke von dem Punkt an, an dem du gerade stehst, bis zu dem Punkt, an dem du sein möchtest.

Wende dich an ihn. Er wird dir antworten. Und er wird dir Dinge verraten, die du noch nicht wusstest.

Das passiert vielleicht nicht heute. Und vielleicht nicht morgen. Es passiert vielleicht auch nicht nächstes Jahr. Aber rückblickend wirst du einmal erkennen, dass seine unsichtbare Hand immer da war, wenn du ihm einen Schritt nach dem anderen vertraust.

Vertraue.
Bete.
Lass los!
Und dann warte.
Er wird dir antworten.

Mein Gebet

Tag 26: Freitag

Familie und Freunde –
und dein Glaube

Vertiefe deinen Glauben

Morgenandacht

Ich bete dafür, dass die Gedanken aus dieser Woche dich ermutigt haben, dich darauf einzulassen, Gott deine Wünsche, Träume und auch Enttäuschungen anzuvertrauen.

Heute werden die Gebete ein bisschen anders sein als bisher. Ich lade dich heute nämlich ein, alle Aspekte des Gebets zu einem großen Ganzen zusammenzufügen. Für einige ist das nichts Besonderes, für andere aber eine große Sache. Ich hoffe dennoch, dass alle an diesem Punkt neue Impulse bekommen. Da wir uns die Zeit genommen und uns ganz in Ruhe mit jedem Aspekt des Gebets beschäftigt haben, geht es heute darum, alle Elemente zu verbinden:

1. Bete heute mindestens fünf Minuten. Manche werden denken, dass fünf Minuten nicht gerade viel sind, um die Beziehung zu Gott zu pflegen. Anderen kommen fünf Minuten wie eine Ewigkeit vor. Gleichgültig, wie es dir damit geht: Bete einfach drauflos.

2. Gehe dabei alle Elemente des Gebets durch: Lob und Dank, Umkehr, Bitten, Hingabe.
3. Dann könntest du eine Nachricht an eine Freundin schicken, ihr von dieser Challenge erzählen und sie ermutigen, das Konzept auch einmal auszuprobieren. Die Nachricht bietet dir ebenfalls eine gute Gelegenheit, deine Freundin zu fragen, wie du für sie beten kannst.

Sprich mit Gott, der es liebt, von dir zu hören. Und dann lade jemanden ein, der dir wichtig ist, das auch zu tun.

Mittagsgedanken

Wer zu ihm kommen möchte, muss glauben,
dass Gott existiert und dass er die,
die ihn aufrichtig suchen, belohnt.
Hebräer 11,6

Glaubst du das? Glaubst du das wirklich? Wenn du diese Aussage tatsächlich glaubst, welche Auswirkungen hat das dann darauf, wie du betest, wie viel du betest und wofür du betest?

Denkst du, dass Gott mit deinem Glauben „zufrieden" ist? Was bedeutet es wohl, ihn aufrichtig zu suchen, wie es im Hebräerbrief heißt? Machst du das?

Notiere deine Antworten auf den leeren Seiten am Ende dieses Tages oder in deinem Gebetstagebuch.

Und jetzt leg los: Halte kurz inne und bete. Denke an die vier Grundsätze des Gebets, und überlege dir, worüber du mit Gott sprechen könntest. Es gibt doch bestimmt etwas, wofür du ihm danken, worüber du Buße tun, worum du ihn bitten und wobei du deiner Bereitschaft Ausdruck verleihen kannst, eine Sache loszulassen und ihm anzuvertrauen.

Nimm dir dann einen Augenblick Zeit, um für jemanden zu beten, der dir von einem Gebetsanliegen oder einem Problem erzählt hat – falls du das nicht schon getan hast.

Zweifle nie daran, dass ein Gebet Berge bewegen kann!

Abendbetrachtung

Beim Gebet geht es nicht darum, Gott an deine Probleme zu erinnern, sondern deine Probleme daran zu erinnern, wer Gott ist.

Darf ich dir etwas verraten? Ich rede nicht nur dann mit Gott, wenn ich bete. Je nachdem, worum es geht, bekomme ich auch zwischendurch mal einen Wutausbruch, vergieße ein paar Tränen, stelle ihm jede Menge Fragen, jammere ein bisschen herum und sage ihm ins Gesicht, dass ich sauer bin. Daneben danke ich ihm aber auch, denke darüber nach, wer er ist, beschließe, weniger über meine Probleme nachzugrübeln, überlege, wo ich seine Regeln verletzt habe, und treffe einige schwere Entscheidungen darüber, wie ich ihm verschiedene Lebensbereiche anvertrauen kann.

Deshalb verblüfft es mich immer, wenn jemand behauptet, Beten sei langweilig. Wie bitte?! Wenn es langweilig ist, macht man vielleicht etwas nicht richtig. Gott interessiert sich für alles, was in deinem Herzen vor sich geht: deine Wut, deine Trauer, deine Fragen und sogar all die Dinge, über die du klagst. Alles in deinem Leben – jeder

Augenblick deines Tages, jede Sorge, jeder Kummer, jedes Kichern, jeder Erfolg – ist Gott wichtig.

Wenn wir mit Gott sprechen, ändert sich unser Blickwinkel. Wir schauen nicht länger nur auf uns selbst, unsere Kämpfe, unsere Unzulänglichkeit, sondern sehen auf den Einen, der die Macht hat, unsere Situation zu ändern.

An den Montagen haben wir Gott gedankt und ihn gelobt. Und weißt du, was? Wenn ich mich mehr auf das konzentriere, was an ihm gut ist, hilft mir das, den Blick von dem abzuwenden, was bei *mir* schlecht ist. Gebet hat etwas für sich. Es geht nicht nur darum, ob das Gebet meine Situation verändert. Es geht auch darum, dass das Gebet *mich* verändert.

Keine Angst. Gott verschließt niemals die Augen vor deinen Tränen. Er ignoriert niemals deine Gebete und schweigt nicht zu deinem Schmerz. Er sieht alles. Er hört alles. Und er wird dich davon befreien.

Wenn du weiter versuchst, regelmäßig und oft zu beten – manchmal wirst du es hinbekommen und manchmal nicht –, stärkst du deine Gebetsmuskeln und vertiefst deine Beziehung zu Gott.

Mein Gebet

Tag 27: Samstag

Samstags-Challenge

Die Nöte dieser Welt

Morgenandacht

Auf unserer Gebetsreise haben wir samstags in immer weiteren Kreisen für die Menschen gebetet, die Gott liebt – diejenigen in unserer Nachbarschaft, an unserem Wohnort und in unserem Land. Heute Morgen, am letzten Samstag unserer Reise, beten wir für die verschiedenen Völker dieser Welt.

In 1. Mose 1,27 heißt es: „So schuf Gott die Menschen nach seinem Bild, nach dem Bild Gottes schuf er sie, als Mann und Frau schuf er sie." Diese radikale Erklärung beinhaltet den Gedanken, dass jeder Mensch Würde besitzt und wertvoll ist, weil jeder ein Spiegelbild des heiligen Gottes ist.

In Gottes Augen ist jeder einzelne Mensch wichtig.

Auf diesem Planeten gibt es eine wunderbare Vielfalt an Völkern und Kulturen. Reise heute Morgen in Gedanken um die Erdkugel. Bete dich durch die Weltkarte, und sprich mit Gott über die Völker jedes Kontinents, jeder Hautfarbe und jeder Muttersprache.

* Afrika
* Asien

- Australien
- Europa
- Nordamerika
- Südamerika

Hat Gott dir ein bestimmtes Land oder eine bestimmte Volksgruppe aufs Herz gelegt? Hast du eine Leidenschaft für eine bestimmte Kultur? Bete heute für diese wertvollen Menschen.

> **Gebetsanstoß**
> *Lieber Gott, ich bitte dich um deinen Segen für das Volk der _____ bzw. das Land _____ .*

Mittagsgedanken

Heute Nachmittag möchte ich dich einladen, für Frieden auf diesem Planeten zu beten.

Der Prophet Jesaja verkündete: „Der Herr wird zwischen den Nationen richten und unter vielen Völkern Recht sprechen. Schwerter werden zu Pflugscharen und Speerspitzen zu Winzermessern umgeschmiedet werden. Keine Nation wird mehr gegen eine andere ziehen und sie werden nicht mehr lernen Krieg zu führen" (Jesaja 2,4). Wir wissen also, dass Frieden zwischen den Nationen Gott wichtig ist.

- „Herr, ich bitte dich: Herrsche auf der Erde so wie im Himmel. Dein Wille soll hier auf Erden geschehen. Du bist der höchste Richter über die Nationen und Herrscher über Völker."

- „Herr, ich bitte dich für die, die die Nationen dieser Erde regieren. Schenke ihnen Weisheit und ein Verlangen nach Frieden. Gib ihnen alles, was sie brauchen, um Versöhnung herbeizuführen."
- „Herr, lehre uns, die Menschen anderer Kontinente, Länder und Kulturen zu lieben. Und erinnere uns daran, auch denen in unserem Umfeld mit Liebe zu begegnen, die aufgrund ihrer Herkunft oder Hautfarbe oder ihres Glaubens ganz anders sind als wir."

Wenn du dich angesichts der großen Aufgabe, für die ganze Erde zu beten, unzulänglich fühlst, dann verstehe ich das. Es ist wirklich eine große Sache. Aber zum Glück hängt es nicht von der „Größe" deiner Gebete ab, ob etwas geschieht. Du musst nur den Gehorsam aufbringen und beten, und dann haben deine Gebete Kraft, weil du im Namen, in der Kraft und in der Macht von Jesus betest.

Zweifle nie daran, dass ein einzelnes Gebet etwas bewegen kann.

In meiner Not betete ich zum Herrn,
und der Herr hat mich erhört und mir Freiheit geschenkt.
Psalm 118,5

Abendbetrachtung

In 1. Mose 1,28 heißt es: „Und Gott segnete sie und gab ihnen den Auftrag: ‚Seid fruchtbar und vermehrt euch, bevölkert die Erde und nehmt sie in Besitz. Herrscht über die Fische im Meer, die Vögel in der Luft und über alle Tiere auf der Erde.'"

Gott wies Adam und Eva an, die Erde in Besitz zu nehmen und über sie zu herrschen. Und diese Vollmacht, diese Befugnis verlangte von ihnen – und sie verlangt von uns –, dass sie treue Verwalter dieses Planeten waren. Deshalb möchte ich dich einladen, heute Abend für Gottes Schöpfung zu beten.

Bete jetzt für einen Bereich von Gottes Schöpfung:

- für die Meere und Gewässer,
- für das Land, den Boden und die natürlichen Ressourcen der Erde,
- für die Atmosphäre und die Sonne,
- für die Tiere, die fliegen, laufen, kriechen und schwimmen,
- für die Menschen!

Welchen Bereich der Schöpfung hat Gott dir aufs Herz gelegt, damit du weiter dafür betest?

Uns bleibt nur noch ein Tag auf unserer Gebetsreise.

Ich hoffe, dass diese Challenge für dich ein Segen war.

An unserem vorletzten Abend möchte ich dich einladen, über etwas nachzudenken. Du weißt, dass du jederzeit und überall mit Gott sprechen kannst, dass du nicht aufhören sollst zu beten und dass Gebet eigentlich einfach nur ein offenes, ehrliches Gespräch mit Gott ist. Aber wie wäre es, wenn du heute einmal darüber nachdenkst, wo und wann du gezielt beten willst?

Wo ist dein Gebetsort? Wann kannst du dich am besten auf das Gebet konzentrieren und Gott deine ungeteilte Aufmerksamkeit schenken? So wie man jede Beziehung pflegen muss, solltest du dir auch gelegentlich einige Minuten für eine ungestörte, fest eingeplante „göttliche Zeit zu zweit" nehmen.

Also: Wo ist dein Ort und wann ist deine Tageszeit? Beende diese Reise nicht ohne einen guten Plan.

Mein Gebet

....

....

....

....

....

....

....

....

....

....

....

....

....

....

....

Tag 28: Sonntag

Sabbat-Gebet

Aufbruch zur eigenen Gebetsreise

Morgenandacht

Über eine Million Menschen haben den Film *War Room* bei seinem Kinostart gesehen. Schau dir den Film doch einmal an, wenn du die Gelegenheit dazu hast, und denke am Ende unserer Gebetsreise über die Bewegung nach, die dieser Film ausgelöst hat. Er entfachte ein Feuer tief in den Herzen der Zuschauer und veranlasste die Menschen, zu beten oder zumindest mit mehr Eifer zu beten, als sie es bislang getan hatten.

Was würde passieren, wenn dieses Feuer in den Herzen der Kinder Gottes nie erlöschen würde und wir das Gebet ernst nehmen würden? Was würde passieren, wenn Gottes Kinder begreifen würden, wie viel sie erreichen können, wenn sie mit Gott über ihre Probleme, Wünsche und Sorgen sprechen? Denke einen Augenblick darüber nach. Was ist bei *dir* passiert, als du dich auf diese 28-tägige Reise begeben hast?

Verbringst du bewusster Zeit im Gespräch mit Gott? Ich hoffe es. Was wirst du tun, um das auch weiter so beizubehalten, wenn dieses Buch dich nicht mehr täglich daran erinnert?

Wenn das Beten für dich nicht zur festen Gewohnheit wird, wird das Feuer, das dich auf dieser Reise hoffentlich gepackt hat, wieder nachlassen. Deshalb solltest du dir fest vornehmen, die geistliche Übung des Gebets zu praktizieren.

Eine meiner Freundinnen hat beispielsweise ihre Uhr so eingestellt, dass sie jede Stunde piept. Das erinnert sie daran, mit Gott zu sprechen. Was könntest du tun, damit das Beten für dich zu einem Lebensstil wird? Wie könntest du dich nach dem heutigen Tag dazu motivieren, dich auf dein Gebetsleben zu konzentrieren?

Bitte Gott, dir zu zeigen, was du tun kannst, um das Gebet nie aus dem Blick zu verlieren.

Mittagsgedanken

Ist das Gebet Ihr Lenkrad oder Ihr Ersatzreifen?
Corrie ten Boom, Autorin

Wie sieht es bei dir aus? Ist Gebet dein Lenkrad oder nur ein Ersatzreifen?

Wenn du mit dem Beten wartest, bis sich eine Katastrophe ereignet, wird Gott dich trotzdem hören. Aber das Gebet hat die Kraft, so viel mehr zu sein.

Wenn du das Gebet zum Lenkrad deines Lebens machst, wenn du dich in der Disziplin des Betens übst und regelmäßig offene, ehrliche Gespräche mit Gott führst, gibst du deinem Leben eine bessere Grundlage.

Wenn Beten nicht nur bedeutet, dass wir mit Gott sprechen, sondern Gott spricht auch mit uns, dann wirst du auch dann Trost und Ruhe finden, wenn dir der Boden unter den Füßen weggezogen wird.

Wenn du Gott durch hörendes Gebet in dein Leben einbeziehst, wirst du dich, wenn Probleme auftreten, nicht erst fragen müssen, ob du noch im Einklang mit seinem Willen lebst, noch echte Gemeinschaft mit ihm pflegst oder seine Gnade genießt.

Es ist eine Sache, einen Sturm durchzustehen, während man in einer instabilen Beziehung lebt. Aber es ist eine ganz andere Sache, einen Sturm durchzumachen, während man in einer stabilen Beziehung lebt, die über die Jahre gewachsen ist und Schwierigkeiten übersteht.

Wenn du betest, in der Bibel liest und gehorsam bist, baust du damit das Boot, das dich durch gute und schlechte Zeiten tragen wird. Je mehr du in diese Beziehung investierst, bevor du darauf angewiesen bist, umso sicherer segelst du durch den Sturm. Was will ich damit sagen? Bete, weil Gott es liebt, mit dir zu sprechen. Bete, weil es das Beste für dich ist. Warte nicht erst, bis eine Katastrophe dich auf die Knie zwingt.

Und wenn schwere Zeiten kommen:

Bete gerade dann, wenn es dir besonders schwerfällt.

Den meisten von uns fällt es in schweren Zeiten gar nicht so leicht zu beten – wenn das, wofür wir beten, nicht eintritt, wenn wir nicht den Eindruck haben, als würde es etwas bewirken, oder wenn der Schmerz so groß ist, dass wir keinen Schritt mehr gehen können.

Genau dann solltest du dich an diese Reise erinnern. Wenn dir das Beten so richtig schwerfällt. Wenn beten das Letzte ist, was du eigentlich tun willst.

Genau dann solltest du beten.

> *Gebetsanstoß*
> *Lieber Gott, ich habe nicht gebetet, weil _____. Hilf mir,*
> *mir die Zeit zu nehmen und die Kraft zu finden, trotzdem mit dir zu*
> *sprechen.*

Abendbetrachtung

Vor dem Schlafengehen: Bete.
Wenn du aufwachst: Bete.
Wenn das Leben hart ist: Bete.
Wenn du glücklich bist: Bete.
Wenn du unsicher bist: Bete.

28 Tage sind seit dem Beginn unserer Reise ins Land gezogen. Aber mit dem letzten Tag unserer Gebets-Challenge endet nicht die Einladung, unablässig zu beten. Gott lädt dich jeden Tag zu einer neuen Challenge ein – du bekommst jeden Tag die Gelegenheit, dich mit dem Schöpfer des Universums zu unterhalten. In jeder Minute jedes Tages. Du kannst jederzeit und überall beten. Wirst du es tun? Wirst du dich dafür entscheiden, regelmäßig das Gespräch mit Gott zu suchen, offen und bereit zu sein, wenn er mit dir reden will?

Denn das ist das Geheimnis: da zu sein. Zu ihm zu kommen. Darum geht es beim Beten ohne Unterlass.

Genauso wie du im Laufe eines Tages immer wieder auf Facebook, Instagram und Co. vorbeischaust, um zu sehen, ob du etwas verpasst hast, kannst du auch immer wieder bei Gott vorbeischauen und mit ihm über das reden, was dich seit eurer letzten Unterhaltung beschäftigt.

Schau bei Gott vorbei, um zu sehen, ob er irgendwelche Neuigkeiten für dich hat. Gebet ist einfach nur ein offenes, ehrliches Gespräch mit Gott. Ich weiß, dass es manchmal etwas schwerfällt, diese geistliche Übung zu praktizieren, aber es ist die Mühe wert.

Die Challenge, zu der ich dich eingeladen habe, ist die gleiche, vor der auch ich stehe: nicht aufzuhören zu beten. Warum? Weil wir nur so das Leben in Fülle erfahren können, das Gott für uns bereithält. Wenn wir für Gott leben wollen, müssen wir mit Gott sprechen.

Suche an jedem einzelnen Tag das Gespräch mit ihm.

Mein Gebet

....

....

....

....

....

....

....

....

....

....

....

....

....

....

....

....

....

....

Stelle deinen eigenen Gebetsplan auf

Tag 29 und darüber hinaus

Du hast das Ende unserer gemeinsamen Reise erreicht! Ein dickes Lob dafür, dass du vier Wochen lang Zeit und Energie in deine Beziehung und die Gespräche mit Gott gesteckt hast. Ich bin mir sicher, dass du dir jetzt bewusst bist, das ist nicht das Ende deiner Unterhaltungen mit ihm. Wie wäre es, wenn du jetzt darüber nachdenkst, wie du die Gewohnheiten, die du in den vergangenen vier Wochen entwickelt hast, beibehalten kannst? Ich will dich an diesem Punkt nicht allein lassen; ich möchte dir helfen, den bestmöglichen Plan aufzustellen, damit das Gebet in deinem Alltag weiterhin Priorität hat.

Lass uns zunächst darüber nachdenken, was dich am meisten am Beten hindert. Fehlt dir die nötige Zeit? Gibt es zu viele Ablenkungen? Vergisst du es einfach? Denke darüber nach und erstelle eine Liste.

Mach dir anschließend Gedanken darüber, wie du diese Hindernisse aus dem Weg räumen kannst. Hier einige Gedanken und Vorschläge, die dabei vielleicht hilfreich sind:

- Wenn die fehlende Zeit dein großes Problem ist: Vielleicht könntest du ja morgens zehn Minuten früher aufstehen? Wenn du ständig am Smartphone oder am Tablet hängst: Vielleicht solltest du diese technischen Geräte ausschalten oder in ein anderes Zimmer legen? Wenn du das Beten vergisst: Mit welchen einfachen Mitteln könntest du dich daran erinnern? Blättere noch einmal zurück zum Rückblick am Ende der ersten Woche.

- Brauchst du noch mehr Ideen? Kaufe dir eine Schreibtafel oder Pinnwand und stelle sie zu Hause oder im Büro so auf, dass du sie sehen kannst. Notiere dir darauf die Gebetsanstöße aus diesem Buch, die für dich am hilfreichsten waren, und wiederhole sie zukünftig häufiger.
- Schreibe Gebetsanliegen oder die Namen von Personen, für die du beten willst, auf hölzerne Eisstäbchen oder Zettelchen. Stelle/lege sie in ein Glas, das an einem Ort steht, an dem du oft vorbeikommst (zum Beispiel in der Küche). Zieh dann jedes Mal, wenn du vorbeikommst, eines, und bete für das Anliegen, das darauf steht.
- Der Film *War Room* hat gezeigt, dass man auch einen Abstellraum in einen Ort des Gebets verwandeln kann. Du kannst also hinsichtlich deines Gebetsortes ganz kreativ werden – der Platz muss dich einfach nur daran erinnern, dass Gott da ist und mit dir reden *will*.

Denke jetzt einmal darüber nach, wie die vergangenen 28 Tage dich verändert haben. Erstelle eine Liste mit den Dingen, die du gelernt hast, und hänge sie auf. Dadurch kannst du dich an die Kraft und den Sinn des Gebets erinnern. Gott formt uns durch die Zeit mit ihm – wir wachsen im Glauben und werden reifer. Er zeigt uns durch unsere Gespräche mit ihm immer mehr, wie treu er ist. Er lädt uns dazu ein, ihn immer besser kennenzulernen. Für andere zu beten, hilft uns (äh, mir), nicht in einem endlosen Kreislauf des Egoismus stecken zu bleiben. Wenn du dir irgendwo notierst, warum es sinnvoll ist zu beten, wird dich das ermutigen, regelmäßig innezuhalten und mit Gott zu sprechen.

Überlege dir auch, wen du in deinen Plan einweihen könntest. Vielleicht eine Freundin oder deinen Partner, jemanden, von dem du weißt, dass er oder sie ein großer Beter ist. Bitte diese Person, dir zu helfen, auf dem Weg zu bleiben und weiter engagiert und beständig zu beten.

Das Gebet ist die Stromquelle unserer Beziehung zu Gott. Für diese Beziehung gilt das Gleiche wie für jede andere Beziehung: Wir müssen Zeit investieren, aufmerksam und offen sein, während wir auf sein leises Reden lauschen. Lass dich nicht ablenken, und vergiss nicht, ständig mit ihm zu reden. Mach einfach immer wieder da weiter, wo du aufgehört hast. Er ist bereit zuzuhören und will mit dir sprechen, ganz egal, wie lange euer letztes Gespräch her ist. Die vergangenen 28 Tage sollten nur ein Anfang sein – für dich und für mich –, ein Schubs in die richtige Richtung. Jetzt müssen wir nur weitermachen mit dem, was Gott in und durch uns und unsere Gebete tun möchte.

Und mein Gebet für dich?

Ich bete, dass diese Challenge dir geholfen hat, zu deiner persönlichen Gebetsreise aufzubrechen oder diese wiederaufzunehmen, und dass du diese Reise auch weiter genießen und wunderbare Gespräche mit einem Gott führen wirst, der es liebt, mit dir zu sprechen.

Gebetsvorschläge

Ich hoffe, dass du im Rahmen dieser Challenge erlebt hast, welche positiven Auswirkungen es hat, mit Gott im Gespräch zu sein, und wie wichtig es ist, deiner Gebetszeit Vorrang einzuräumen. Gleichgültig, ob deine Gebetsreise dazu geführt hat, dass deine Gebete erhört wurden, du jetzt ein tieferes Bewusstsein für Gottes Gegenwart hast oder Ängste und Sorgen abgeben konntest: Mit Gott zu sprechen ist auf jeden Fall ein Segen für dich und dein Leben – wenn du die Möglichkeit nutzt.

Aber mir ist auch klar, dass viele Menschen eine Weile brauchen, bis sie in der Lage sind, in aller Ruhe und zuversichtlich zu beten. Ich bin zwar fest davon überzeugt, dass diese 28-tägige Reise dabei helfen kann, aber ich möchte dir noch ein paar Gebete mit auf den Weg geben, mit denen du einen Anfang machen kannst. Ich will dich, was deine Beziehung zu Gott angeht, am Ende dieser vierwöchigen Challenge nicht auf dem Trockenen sitzen lassen. Stattdessen möchte ich dir einige Gebete mitgeben, die du jederzeit sprechen kannst – sie decken viele Themen ab, mit denen du oder andere vielleicht hin und wieder zu kämpfen haben.

Deshalb habe ich in diesem Teil des Buches einige einfache Gebete zusammengetragen sowie einige Bibelverse. Die Texte sollen dich trösten, wenn du Trost brauchst, oder als Inspirationen für eigene Gebete dienen. Du könntest sie dir auch auf Klebezettel schreiben und ins Auto oder auf den Schreibtisch kleben, um dich daran zu erinnern, dass Gott real und immer an deiner Seite ist.

Gebet für Freude und Zufriedenheit

Vater, ich möchte zufrieden sein – zufrieden mit dir und mit dem Leben, das du mir geschenkt hast. Ich möchte jemand sein, der vor Freude übersprudelt und zufrieden ist mit dem, was er hat, während ich auf das warte, was ich mir wünsche. Aber an vielen Tagen empfinde ich ehrlich gesagt keine Freude und bin zutiefst unzufrieden mit meinem Leben. Bitte lehre mich, aus der Freude zu leben, die du mir anbietest, und mit allem zufrieden zu sein, was du mir gibst. Bitte mache mich auf all die Dinge in meinem Leben aufmerksam, über die ich lächeln kann, und öffne mir die Augen für alles, was du mir schenkst, damit ich erkenne, dass du mir alles gibst, was ich brauche. Ich will nicht nörgeln und ständig auf dem herumreiten, was nicht gut ist oder was ich nicht habe. Ich möchte, dass du die Quelle meiner Freude bist, weil du, der Gott des Universums, auf meiner Seite bist und ich in dir alles habe, was ich brauche.

Bibelverse zum Nachdenken
Psalm 16,11; 34,10b; 47,2; 95,1–2; Römer 15,13; Philipper 4,11–13; Galater 5,22–23; 1. Timotheus 6,6–12; Jakobus 1,2

Gebet für schwere Zeiten

Lieber Gott, heute muss ich kämpfen. Das Leben ist gerade so schwer. Du kennst die Einzelheiten. Du kennst meine Sorgen. Du weißt, wo ich gerade Gegenwind erlebe. Herr, bitte erinnere mich daran, dass du immer an meiner Seite bist und mich mit deiner Liebe umgibst.

Bitte schenke mir Frieden, wenn ich innerlich ganz unruhig bin und mir Sorgen mache. Bitte schenke mir Kraft, wenn ich schwach bin. Herr, manchmal bringe ich nicht einmal einen vernünftigen Satz zusammen, sondern kann nur noch ein Wort sagen: Hilfe! Sei mir ganz nah, und zeige mir deine Kraft, mit der du mich trägst, auch wenn sich nichts an meinen Umständen ändert.

Bibelverse zum Nachdenken
Josua 1,9; Römer 8,26; 2. Korinther 12,9; Jakobus 1,2–5

Gebet für Weisheit

Gott, ich muss so viele Entscheidungen treffen, und keine davon ist leicht. Ich will das Richtige tun und die Schritte, die ich heute gehe, später nicht bereuen. Deshalb bitte ich dich um deine Hilfe – hilf mir, die bestmögliche Entscheidung zu fällen. In der Bibel wird davon berichtet, dass Salomo dich um Weisheit gebeten hat und dass du dich über seine Bitte gefreut hast. In deinem Wort heißt es auch, dass die Furcht des Herrn der Anfang der Weisheit ist. Deshalb fange ich bei dir an, Gott. Bitte nimm meinen Wunsch, dich mit meinem Leben zu ehren und deinem Wort zu gehorchen, und schenke mir Weisheit. Zeige mir den richtigen Weg. Ich wünsche mir, dass meine Entscheidungen und mein Handeln dir Ehre machen und letztlich deinen Plan erfüllen. Ich vertraue darauf, dass du mich führst und leitest. Schenke mir ein gutes Urteilsvermögen, wenn ich es brauche, und lenke meine Schritte nach deinem Plan.

Bibelverse zum Nachdenken
1. Könige 3,3–10; Psalm 23,1–3; 31,4; 143,10; Sprüche 2,6–8; 3,5–6; 9,10; Jesaja 30,21; Römer 8,28; Jakobus 1,5

Gebet für die Ehe

Herr, in meiner Ehe geht es im Moment drunter und drüber. Ich habe die Streitereien, die Meinungsverschiedenheiten, die Einsamkeit und den Schmerz so satt. Ich wünsche mir doch, dass meine Ehe ein Zeugnis dafür ist, was du im Leben eines Paares tun kannst. Ich möchte, dass du unsere Beziehung so veränderst, wie wir uns das jetzt noch gar nicht vorstellen können. Bitte hilf mir, für meinen Partner immer freundliche Worte zu haben und ihm Gutes zu tun. Zeige mir, was du an meinem Partner liebst, und hilf mir, mehr wie du zu lieben. Aber kannst du bitte in das Herz meines Partners den gleichen Wunsch pflanzen, Herr? Kannst du in uns das Verlangen nach Einheit wecken, weil es genau das ist, was du für uns willst? Bitte führe uns einzeln und gemeinsam zu Menschen, Orten und Mitteln, die uns helfen, unsere Beziehung miteinander und zu dir zu vertiefen. Zeige mir, wo ich mich verändern muss, ermahne mich, wenn ich mit verletzenden Worten herausplatze, und schenke mir Geduld, während ich tue, was ich tun kann, und darauf warte, dass du den Rest tust.

Bibelverse zum Nachdenken
Sprüche 5,18–19; 12,4; 18,22; Matthäus 19,4–6; Epheser 5,22–33; Kolosser 3,18–19

Gebet für Singles

Vater, ich weiß, dass es gute Seiten haben kann, Single zu sein, aber im Moment fühlt es sich nicht gut an. Ich wünsche mir so sehr einen Partner und habe es satt, darauf zu warten, Liebe und Hingabe zu erfahren. Ehrlich gesagt frage ich mich oft: „Warum habe ich denn immer noch niemanden gefunden?" Ich liebe dich und will mein Bestes geben, um dir zu dienen. Ich verstehe nicht, warum du zulässt, dass ich weiter Single bleibe, wenn ich mir doch von ganzem Herzen eine Beziehung wünsche. Aber trotzdem will ich weiter mit meinen Wünschen und Sehnsüchten zu dir kommen, will deine Nähe suchen und die Gemeinschaft mit anderen Gläubigen genießen, die du mir schenkst. Tröste mich, wenn ich mich einsam fühle. Schenke mir neue Beziehungen und Freundschaften, bei denen ich die Gelegenheit habe, anderen zu dienen und mir von anderen dienen zu lassen. Lehre mich, damit zufrieden zu sein, dass ich dein geliebtes Kind bin, während ich dir meine Wünsche in Bezug auf die Menschen bringe, mit denen ich täglich zu tun habe. Führe mich, während ich versuche, die Zeit und Freiheit, die ich habe, so gut wie möglich zu nutzen und diese Phase des Singleseins auszuleben.

Bibelverse zum Nachdenken
Josua 1,5–6; Psalm 25,16; 119,9–10; 139,7–10; Hoheslied 2,7; 3,5; 8,4; Prediger 3,1–8; Jesaja 41,10; 43,2–3; Matthäus 6,33; Römer 12,1; 1. Korinther 7,7–8; 7,34; 2. Korinther 6,14; Titus 2,6

Gebet bei Trauer

Lieber Jesus, dieser Verlust schmerzt mich so sehr. Ich weiß, dass du besser als jeder andere verstehst, was es heißt, den Schmerz der Trauer so tief zu empfinden. Ich wünschte, Verlust wäre nicht Teil unseres Lebens. Es ist so schwer. Die Traurigkeit ist so groß und die Enttäuschung so tief.

Manchmal weiß ich ehrlich nicht, ob ich noch weitermachen kann. Jeder Schritt fällt mir schwer und kostet so viel Kraft. Und ich habe auch Fragen, Herr. Ich verstehe nicht, warum du zugelassen hast, dass der Mensch, den ich so sehr liebe, zu diesem Zeitpunkt oder auf diese Art gestorben ist. Ich brauche jetzt wirklich deinen Trost. Hilf mir, in diesem Tal deine Liebe zu erkennen und zu spüren. Lehre mich, was auch immer du mir durch diesen Schmerz beibringen willst. Umgib mich mit Menschen, die mich lieben und mich begleiten. Wenn ich von anderen getröstet werde, dann öffne mir auch die Augen dafür, wo andere um mich herum Trost brauchen. Gott, bitte heile mein gebrochenes Herz.

Bibelverse zum Nachdenken
Psalm 34,19; 73,26; 147,3; Jesaja 53,4–6; Matthäus 5,1–4; Johannes 14,1; 2. Korinther 1,3–6; Offenbarung 21,4

Gebet, um jemandem zu vergeben

Herr, du weißt, wie sehr mich diese Person verletzt hat. Du hast gehört, was sie gesagt hat, und du hast gesehen, was sie getan hat. Du weißt auch, wie sehr sie meine Gefühle verletzt hat. Ich weiß, dass ich ihr vergeben sollte. Ich weiß, dass es in der Bibel heißt, dass ich vergeben soll, und ich habe schon von vielen gehört, wie gut es tut und wie frei man sich fühlt, wenn man jemandem vergibt. Aber es fällt mir so schwer. Es schmerzt immer noch. Ich bin immer noch wütend. Ich weine immer noch darüber. Also komme ich heute wieder einmal zu dir und erzähle dir ganz ehrlich von meinen Gefühlen. Aber ich will auch gleichzeitig das, was diese Person mir angetan hat, an dich abgeben. Deshalb beschließe ich, die Person, die mich verletzt hat, loszulassen. Meine Gefühle brauchen vielleicht noch eine Weile, bis sie dieser Entscheidung folgen können, und Vergebung heißt vielleicht auch nicht unbedingt, dass unsere Beziehung wieder so wird wie früher. Alles, was du von mir willst, ist meine Bereitschaft, dieser Person zu vergeben. Hilf mir, jedes Mal zu vergeben, wenn die Verbitterung wieder in mir hochkommt, denn du hast mir ebenfalls vergeben. Hilf mir, immer wieder bereit zu sein, einem anderen zu vergeben, damit ich frei bin – frei zu lieben, frei zu fühlen, frei, all die Freude zu erfahren, die du mir schenken willst. Danke für deine Hilfe, Herr.

Bibelverse zum Nachdenken
Psalm 86,5; Matthäus 6,12+14–15; Markus 11,25; Lukas 6,37; 17,4; 2. Korinther 2,5–8+10; Epheser 4,32; Kolosser 3,13

Gebet für das Verlangen zu beten oder in der Bibel zu lesen

Vater, ich weiß, dass es wichtig ist, in deinem Wort zu lesen und regelmäßig zu beten, um mit dir verbunden zu bleiben. Es ist eine große Ehre, dass du jederzeit mit mir reden willst, und ich weiß, dass das auch viele positive Auswirkungen auf mein Leben hat. Ich bitte dich um Vergebung dafür, dass ich so wenig Zeit mit dir verbringe. Ich will mehr in der Bibel lesen und mit dir sprechen. Im Moment habe ich noch nicht das Verlangen, so zu beten, wie ich sollte. Bitte schenke mir ein größeres Verlangen danach, Zeit mit dir zu verbringen, Herr. Hilf mir, Selbstbeherrschung zu entwickeln, wenn meine Gedanken abschweifen oder ich abgelenkt bin. Ich will dich von ganzem Herzen, mit ganzer Seele, mit meinem ganzen Verstand und mit ganzer Kraft ehren und dir gefallen. Danke, dass du jetzt ein offenes Ohr für mich hast.

Bibelverse zum Nachdenken
Psalm 27,4+8; Matthäus 6,6; 26,41; Johannes 15,4; Hebräer 4,12–13; 11,6

Gebet für Selbstbeherrschung

Vater, hilf mir, mehr Selbstbeherrschung zu entwickeln – in meinen Gedanken, meinem Körper und meinem Geist. Hilf mir, jeden Gedanken gefangen zu nehmen, der nicht mit der Wahrheit der Bibel übereinstimmt. Lass dein Wort in meinem Herzen, meinen Gedanken und meinem Geist Wurzeln schlagen, damit ich mir in jeder Situation deine Wahrheit ins Gedächtnis rufen kann. Hilf mir,

Versuchungen zu widerstehen und darauf zu achten, was meine Augen sehen und wohin meine Füße gehen. Hilf mir, meine Zunge im Griff zu haben, die so oft verurteilende, unfreundliche Worte sagen will. In der Bibel steht, dass die Zunge töten oder Leben spenden kann. Hilf mir, dass das, was ich sage, andere aufbaut, ermutigt und zu deiner Ehre die Wahrheit spricht. Hilf mir durch deinen Heiligen Geist, meinen Leib als lebendiges Opfer darzubringen, das heilig und ehrenhaft ist. Danke, dass du mir in deiner Gnade hilfst, meine Schwäche zu überwinden und mehr Selbstbeherrschung zu entwickeln.

Bibelverse zum Nachdenken
Sprüche 18,21; Römer 7,25; 12,1–2; 1. Korinther 6,19–20; 10,13; Philipper 2,3–5; 4,8–9; Jakobus 1,19–21

Gebet um Ruhe

Herr, danke, dass ich in dieser geschäftigen und hektischen Welt bei dir Ruhe finden kann. Danke, dass ich mich von all den Bedürfnissen, die ich erfüllen soll, und all der Verantwortung, die ich trage, nicht erdrücken lassen muss. Ich kann zu dir kommen, Vater, und dir all meine Lasten bringen, und im Tausch dafür schenkst du mir Ruhe. Hilf mir, Vater, dass ich nicht warte, bis alles chaotisch wird und ich überlastet bin, bevor ich dich darum bitte, mir Ruhe zu schenken.

Bibelverse zum Nachdenken
Jesaja 40,31; Matthäus 11,28–29; Hebräer 4,9–11

Bitte um Freundschaften

Herr, du bist mein bester Freund. Aber ich habe erkannt, dass ich auch Freundschaften zu anderen brauche, um ein erfülltes Leben zu führen. Menschen, bei denen ich mich anlehnen kann. Freundschaften, in denen wir uns gegenseitig ermutigen, zusammen lachen und weinen und alles Mögliche andere gemeinsam tun können. Ich weiß, dass du mich liebst, und deshalb bitte ich dich, dass du mich zu den richtigen Freunden führst.

Hilf mir, die Freundin zu sein, als die du mich erschaffen hast: liebevoll, freundlich, ehrlich, weise, treu und hingegeben. Mache mich auf Personen aufmerksam, die sich wünschen, Beachtung zu finden, die gehört und wahrgenommen werden wollen.

Hilf mir, mich über die Menschen zu freuen, die du schon in mein Leben gebracht hast, und sie nicht für selbstverständlich zu nehmen. Hilf mir, ihren Bedürfnissen zu begegnen und sie auf jede erdenkliche Art aufzubauen, so wie Jesus auch meinen Bedürfnissen begegnet. Erinnere mich daran, nachsichtig zu sein, großzügig zu vergeben und von Herzen zu lieben.

Bibelverse zum Nachdenken
Sprüche 17,17; 27,9; Galater 5,13; 6,2; Kolosser 4,12–15; Hebräer 10,24–25

Gebet für die Gemeinschaft

Himmlischer Vater, danke für das Geschenk der Gemeinschaft. Mir ist klar, dass ich die Beziehungen, in denen ich stehe, oft für selbstverständlich nehme, aber ich weiß, dass du uns nicht erschaffen hast, um allein zu sein. Gemeinsam sind wir besser dran, und du willst, dass wir zusammenhalten. Hilf mir, dass ich dein gutes Werk in den Menschen, mit denen ich verbunden bin, immer sehe und anerkenne. Bitte schütze die Gemeinschaft, in der ich lebe, vor Krankheit, Schaden, Gefahr, negativen Haltungen und Spaltungen. Lass unsere Gemeinschaft ein Ort des geistlichen Reichtums, der Freundlichkeit und Liebe sein, an dem du gegenwärtig bist. Ich bitte dich, dass du uns zusammenwachsen lässt und uns gemeinsam näher zu dir ziehst. Lass mich ein Segen sein für die Menschen in meinem Umfeld. Hilf mir, dass ich der Gemeinschaft so dienen kann, dass alle eine Ahnung davon bekommen, wie du bist.

Bibelverse zum Nachdenken
Sprüche 27,17; Markus 12,31; Römer 12,5+16

Anregungen für den Lobpreis

Wenn du mit Lobgesang in seine Gegenwart kommst,
wird er mit Macht in deine Situation hineinkommen.

Lob und Dank sind wichtige Bestandteile unserer Kommunikation mit Gott. Manchmal fällt es uns leichter, Dankgebete zu sprechen als Gott zu loben. Beim Dank geht es um das, was Gott für uns getan hat. Aber Lob hat rein gar nichts mit uns zu tun. Lob bedeutet, anzuerkennen, wer Gott ist, und über seine überragenden Eigenschaften zu staunen. Lob heißt, wir konzentrieren uns ganz auf Gott – um seiner selbst willen, nicht wegen uns. Aber dieses selbstvergessene Lob bringt Segen: Gott wohnt im Lobpreis seines Volkes (Psalm 22,4; Elberfelder Bibel).

Unsere Fähigkeit, Gott als den zu loben, der er ist, hängt ganz stark damit zusammen, was wir über Gott und sein Wesen wissen. Ich habe festgestellt, dass viele Menschen Hemmungen haben, Gott zu loben, weil sie nicht wissen, wofür sie ihn außer für seine Güte und Gnade noch loben sollen.

Aber Gott ist so groß, und sein Wesen hat so fantastische Seiten, die wir kennenlernen dürfen, dass wir immer wieder ganz neu darüber staunen können.

Das Schöne am Lob Gottes ist, dass Gott uns nahekommt, wenn wir uns oft und regelmäßig diesem Aspekt des Gebets widmen und uns einfach nur darauf konzentrieren, wer er ist. Wenn wir Gott loben, weil er der ist, der er ist, wirkt sich das auch positiv auf uns aus.

Wenn wir mit ihm darüber sprechen, wie großartig und mächtig er ist, können wir in dem Bewusstsein zur Ruhe kommen, dass es zu unserem Vorteil ist, wenn wir ihn sehen, wie er wirklich ist, ganz gleich, ob wir diese „Vorteile" auch erleben oder nicht.

Wenn wir Gott loben, wird er gewissermaßen größer für uns. Und wenn Gott in unseren Augen größer wird, werden unsere Probleme kleiner. Wenn wir uns darauf konzentrieren, wer Gott ist, dann können wir auch erkennen, wie mächtig er im Vergleich zu unseren Problemen ist. Und er kommt zu uns, kommt in unsere Situation hinein.

Nutze diesen Tag, um Gott zu loben. Du kannst entweder eine der nachfolgenden Eigenschaften Gottes verwenden und die anderen für später aufheben oder du verwendest alle auf einmal. Du kannst natürlich auch deine eigene Liste von Eigenschaften aufstellen. Wie auch immer du dich entscheidest, behalte immer eines im Hinterkopf: „Auch wenn Gott nie wieder etwas für mich tun würde, würde ich ihn loben, weil er _____ ist."

Verwende die nachfolgende Liste von Eigenschaften für dein Gebet. Ich habe Lobpreis-Gebete eingefügt, um dir zu helfen, dich auch in diesem Bereich deines Gebetslebens weiterzuentwickeln. Nimm dir Zeit, ihn zu loben und gleich mit den Bitten weiterzumachen. Die Zeit, die du mit Lobpreis verbringst, wird deine Beziehung zu Gott vertiefen, und wenn sich deine Beziehung zu ihm vertieft, wirst du ebenfalls seinen Segen erfahren.

Gott ist allgegenwärtig

Gott ist überall zu jeder Zeit gegenwärtig. Und um das noch zu übertreffen, schläft er auch nie (Psalm 121,4). Da Gott gegenwärtig ist, können wir mutig sein. Er ist immer da und er ist immer bei uns (Sprüche 15,3).

Herr, danke, dass du allgegenwärtig bist. Du bist ein Vater, der immer da ist. Du bist im Jetzt und Hier und in meiner Zukunft und im Ungewissen. Du bist bei mir, wenn ich Schwierigkeiten habe, und du bist bei mir, um dich mit mir über kleine und große Erfolge zu freuen. Danke, dass du mir versprichst, mich nie zu verlassen. Ich kann mich darauf verlassen, dass deine Allgegenwart auch bedeutet, dass du wachsam und aufmerksam bist und dich um die Dinge kümmerst, die mich betreffen. Deine Allgegenwart zeigt mir auch, dass ich nicht allein bin, egal, was der Feind auch sagt. Du bist Immanuel, Gott mit mir. Danke, dass du ein allgegenwärtiger Gott bist (Jesaja 46,9–10).

Gott ist allwissend

Gott weiß alles. Er kennt jeden Augenblick von jedem Tag und weiß genau, was uns bevorsteht. A. W. Tozer sagte: „Gott kennt sich selbst genau, und da er die Quelle und der Schöpfer aller Dinge ist, folgt daraus, dass er alles weiß, was es zu wissen gibt. Und er weiß es augenblicklich und so vollkommen, dass es jedes mögliche Detail von Wissen einschließt über alles, was existiert oder zu irgendeinem Zeitpunkt irgendwo im Universum existiert haben könnte oder in den zukünftigen Jahrhunderten oder Zeitaltern existieren könnte." Weil

Gott allwissend ist, können wir ihm vertrauen. Er weiß, wo wir sind, wohin wir gehen werden und was wir in der Zwischenzeit durchmachen müssen. Er weiß alles: wohin wir gehen. Was wir denken. Was wir tun und sagen. Sein Wissen übersteigt alles (Psalm 139,1–6).

Herr, ich bin so froh, dass du alles weißt – vor allem, weil es so vieles gibt, das ich nicht weiß. Ich ringe manchmal mit der Angst, weil ich mir wünschte, ich hätte die Antwort auf so viele Fragen in meinem Leben und ich wüsste, wie sich meine Situation entwickeln wird. Ich lobe dich, weil du Gott bist und alles weißt. Ich bin dankbar, dass ich bei dir zur Ruhe kommen kann, weil du weißt, woher ich komme, wohin ich gehe und wo ich gerade jetzt stehe. Du siehst die Probleme und ihre Lösungen, den Segen und die Last, den Anfang und das Ende. Bitte hilf mir, dir zu vertrauen, wenn ich nicht weiterweiß, denn ich glaube fest daran, dass du alles siehst und weißt und letztendlich nur gute Absichten für mich hast.

Gott ist allmächtig

Gott hat alle Macht. Ganz egal, welcher unmöglichen Situation oder Aufgabe wir uns heute gegenübersehen, nichts ist für Gott zu schwer (1. Mose 18,14).

Gott, ich bin so froh zu wissen, dass nichts, mit dem ich konfrontiert werde, zu groß oder zu schwer für dich ist. Ich lobe dich, weil du ein allmächtiger Gott bist, der sich nicht nur um mich sorgt, sondern auch etwas gegen die Dinge tun kann, die mir das Leben schwer machen. Ich bin überwältigt von der Macht, die du zeigst, indem du diese Welt zusammenhältst. Und ich staune über die Macht, mit der du meine innere Welt zusammenhältst.

Du hast dieses Universum erschaffen. Und du hast mich erschaffen. Deine Macht und Stärke, mit der du die Welt erschaffen hast – mit der du meine Welt erschaffen hast –, sind unvergleichlich und unübertroffen. Ich bin so dankbar, dass der Gott, dem ich diene, die Macht hat, das Unmögliche zu tun. Hilf mir, auf deine Macht zu vertrauen, wenn ich mich machtlos fühle.

Gott ist ewig

Gott hat keinen Anfang und kein Ende. Er ist nicht auf die Zeit beschränkt. Das heißt, dass er schon da war, bevor wir geboren wurden, und noch da sein wird, wenn unsere Zeit auf der Erde vorüber ist. Wir können ihm mit unserer Vergangenheit und unserer Zukunft vertrauen. Er zieht alles in Betracht, wenn er alles zu unserem Besten wirkt. Er steht außerhalb der Zeit, wozu du und ich in unserem Menschsein nicht in der Lage sind. Er lebt für immer (5. Mose 32,40).

Vater, ich lobe dich, weil dein Wesen keinen Anfang und kein Ende hat. Du erstreckst dich endlos in das, was war, was ist und was noch kommen wird. Mein menschlicher Verstand kann dein ewiges Wesen auch nicht ansatzweise ergründen. Ich weiß, dass du meine Vergangenheit, meine Gegenwart und meine Zukunft in deinen Händen hältst. In der Bibel heißt es: „Der ewige Gott ist eure Zuflucht und unter euch sind seine ewigen Arme" (5. Mose 33,27). Lass mich bei dir in Sicherheit wohnen, weil ich weiß, dass du mein gesamtes Leben – hier auf der Erde und in Ewigkeit – sicher in deinen Händen hältst. Ich lobe dich, weil du nicht auf die Zeit beschränkt bist und weil es bei dir keinen Anfang und kein Ende gibt.

Gott ist unwandelbar

Gott verändert sich nicht. Während vieles in unserem Leben sich ändert, trifft das auf Gott nicht zu. Ist das nicht gut zu wissen (Maleachi 3,6)?

Herr, diese Welt ist in ständigem Wandel begriffen. Mitten in all den Ungewissheiten und Veränderungen, denen ich mich täglich gegenübersehe, lobe ich dich, weil du dich nie veränderst. Ich kann darauf vertrauen, dass du derselbe bist, gestern, heute und in Ewigkeit. Ich feiere deine unwandelbare Liebe und dein unveränderliches Wesen.

Gott ist unbegreiflich

Gott entzieht sich unserem Verständnis. Er weiß, was er tut. Auch wenn uns sein Handeln unverständlich ist, wollen wir ihn loben, weil seine Pläne unser Wissen und unsere Erkenntnis übersteigen und er das Gesamtbild sehen kann (Hiob 11,7; Jesaja 55,8–9).

Danke, Vater, dass du unbegreiflich bist. Herr, manchmal kommt mir das unheimlich vor, aber heute will ich beschließen, meinen Frieden damit zu machen, weil du genau weißt, was du tust. Auch wenn ich nicht alles verstehe, weiß ich doch, dass alle Dinge zum Guten führen werden für die, die dich lieben und unablässig deine Nähe suchen. Ich lobe dich, weil deine Gedanken, Ideen und Vorstellungen sich in einer ganz anderen Dimension bewegen als meine. Dein Handeln und deine Gedanken sind vollkommen, und weil sie vollkommen sind, befinden sie sich jenseits dessen, was ich begreifen kann. Also bin ich innerlich ganz ruhig, weil du, der unbegreifliche

Gott, die Kontrolle hast und genau weißt, wie du das Leben, das ich dir an-
vertraut habe, liebevoll lenken willst, und das gilt auch für das Leben der
Menschen in meinem Umfeld.

Gott wurde nicht erschaffen

Gott ist von nichts außerhalb seiner selbst abhängig, um zu existieren
(2. Mose 3,14).

Vater, du warst schon da, bevor diese Welt entstand. Du wurdest nicht er-
schaffen und nicht geformt. Du hast schon immer existiert und wirst auch
immer existieren. Alles auf dieser Welt und alles in mir gibt es, weil es dich
gibt. Ohne dich ist nichts. Du bist nicht von Nahrung, Wasser oder irgend-
etwas anderem abhängig. Du bist das Leben in Person. Du bist die Liebe
höchstpersönlich. Und du bist Gott. Ich danke dir, denn weil es dich gibt,
gibt es mich. Weil du die Quelle von allem und von nichts abhängig bist,
kann ich mich auf dich verlassen, ohne mir Sorgen zu machen, dass du ver-
sagen könntest. Du wirst niemals schwächer oder stirbst. Du bist das Licht,
das die Dunkelheit erhellt, und du bist Gott.

Gott ist unabhängig

Gott braucht gar nichts. Wir können ihm nichts geben, was nicht
schon ihm gehört (Psalm 50,12).

Ich lobe dich über alles, Herr. Alles, was ich habe, hast du mir anvertraut.
Alles auf dieser Welt gehört dir. Es gibt nichts, was ich dir geben könnte,

was du nicht schon hast (Psalm 50,12). Es gibt nichts, was du von mir brauchst, noch nicht einmal _____ . *Wie befreiend ist es zu wissen, dass du dich über mich freust, weil ich die Person bin, als die du mich erschaffen hast, und nicht, weil ich irgendetwas habe, tun kann oder getan habe. Du bist in keiner Hinsicht von mir abhängig oder auf mich angewiesen. Dir mangelt es an nichts. Du brauchst nichts. Du schenkst mir Leben und hauchst mir Atem ein (Apostelgeschichte 17,24–25). Manchmal vergesse ich das und du musst mich vielleicht daran erinnern. Aber nur du allein bist Gott. Du brauchst meine Hilfe nicht! Ich lobe dich, Gott, weil du unabhängig von allem bist.*

Gott ist unendlich

Gott sind keine Grenzen gesetzt. Weder der Himmel noch die Erde können ihn fassen (1. Könige 8,27).

Ich lobe dich, Herr, weil du keinen Anfang und kein Ende hast. Deine Größe und deine Kraft kennen keine Grenzen. Deine Gegenwart und deine Fülle sind unbegrenzt. Du siehst über alles hinaus, was mein endliches Wesen sehen kann. Nichts im Himmel oder auf der Erde kann dich fassen. Herr, du bist nicht begrenzt durch irgendwelche Umstände oder durch meine persönlichen Grenzen in meinem Verständnis von dir. Du bist groß, Herr, und deine Stärke ist unendlich. Deine Erkenntnis übersteigt alles (Psalm 147,5).

Gott ist transzendent

Gott steht über der Schöpfung und existiert losgelöst von ihr. Sein Handeln und seine Gedanken übersteigen unsere bei Weitem (Jesaja 55,8).

Weit über und unabhängig von der Schöpfung existierst du außerhalb von Raum und Zeit. Deine Möglichkeiten übertreffen alles, was ich für möglich halte. Deine Gedanken reichen weit über alles hinaus, was ich mir ausdenken könnte. Ich kann deine Außerweltlichkeit nicht ganz begreifen, aber ich spüre sie, wenn ich _____ . Die gesamte Schöpfung weist auf deine Erhabenheit und deine Außerweltlichkeit hin und doch existierst du losgelöst von ihr.

Gott ist souverän

Gott hat alles unter Kontrolle und ist der Allerhöchste, Souveräne. Er handelt so, wie es seinen Absichten entspricht (Psalm 135,6).

Ich will dich loben, o Herr, denn du bist der König der Könige und Herr der Herren. Dir gehört alle Macht. Gott, du bist der Höchste, und du tust, was dir gefällt (Psalm 135,6). In schwierigen Augenblicken, wenn ich nichts verstehe, beruhigt es mich zu wissen, dass du alles unter Kontrolle hast. Gott, ich lobe dich, denn du hast auch _____ unter Kontrolle. Du hast diese Dinge zu deiner Ehre und meinem Besten zugelassen (Römer 8,28) und führst deine Pläne für alles aus, was im Himmel und auf Erden ist (Hiob 42,2).

Gott ist heilig

Gott ist moralisch überragend und vollkommen. Er ist das Maß für unsere Gedanken, unser Handeln und unser Sein (2. Mose 15,11).

In einer Welt, in der sich der Maßstab für das, was moralisch richtig oder falsch ist, ständig ändert, lobe ich dich, Herr, für deine vollkommene Heiligkeit. Du bist der einzig wahre Maßstab für Moral, Güte, Gerechtigkeit und Vollkommenheit. Deine Heiligkeit ist der Maßstab, an dem ich meine Gedanken, meine Taten und mein Sein messen muss. Es gibt keine größere Herrlichkeit als deine, o Gott. Du bist vollkommen in all deinen Wegen und ich lobe dich dafür.

Gott ist gerecht

Gott tut immer, was richtig und gerecht ist. Das ist alles, was ich wissen muss (5. Mose 32,4).

Herr, dein Handeln ist richtig und gerecht! In einer Welt voller Ungerechtigkeit und Unfairness verlasse ich mich auf deine Gerechtigkeit als Maßstab für mein Leben. Du tust immer das Richtige für mich, und deshalb will ich dir die Ehre geben! Danke, dass du mich eingeladen hast, dein Kind zu werden, damit ich mich verändere und deine Gerechtigkeit wie ein Kleid anziehen kann. „Recht und Gerechtigkeit sind die starken Säulen deines Thrones. Liebe und Wahrheit gehen vor dir her" (Psalm 89,15).

Bücher zum Thema „Gebet"

Arthur, Kay: *Herr, lehre uns beten*. Precept Ministries International, 2013.

Bangert, Nelli u. Weiss, Mira: *krea.tief beten*. Gerth Medien, 2020[3].

Batterson, Mark: *Kreiszieher: Kühn beten – und Wunder erleben*. SCM R. Brockhaus, 2014.

Bennett, Arthur: *Gebete der Puritaner für eine Woche*. 3L, 2016.

Bigger, Leo u. Susanna: *Bete wie niemals zuvor! 31 inspirierende Gebetsideen für den Alltag*. ICF Zürich, 2020.

Chambers, Oswald: *Mein Äußerstes für Sein Höchstes*. Blaukreuz Verlag, 2019[37].

Fabry, Chris: *Der unsichtbare Kampf*. Brunnen Verlag, 2016.

Hartl, Johannes: *Einfach Gebet*. SCM R. Brockhaus, 2016[5]

Keller, Timothy: *Beten: Dem heiligen Gott nahekommen*. Brunnen Verlag, 2021.

Lancaster, Daniel B.: *Mächtige Gebete im Kriegsraum: Bete wie ein starker Gebetskrieger*. Lightkeeper Books, 2020.

Lewis, C. S.: *Das Gespräch mit Gott: Beten mit den Psalmen*. Brunnen Verlag, 2019.

Omartian, Stormie: *Mein Gebet macht mich stark: Was geschieht, wenn Frauen beten*. SCM R. Brockhaus, 2020[5].

Omartian, Stormie: *Mein Gebet macht uns stark: Was geschieht, wenn Frauen für ihren Mann beten*. SCM R. Brockhaus, 2019[7].

Sorge, Bob: *Geheimnisse aus der Verborgenheit mit Gott*. type + print, 2005[4].

Yancey, Philip: *Beten*. SCM R. Brockhaus, 2007.

Young, Sarah: *Ich bin bei dir*. Gerth Medien, 2011[17].

Danksagung

Dieses Buch fing mit täglichen Beiträgen auf Instagram an. Die Umsetzung dieser Worte von Postings in den sozialen Medien in ein physisches Buch war nur möglich, weil zahlreiche Menschen mich dazu ermutigt haben. Ich danke Chanda Stegall und Monique Jennings, dass ihr mich ermutigt habt, diese Worte über das Internet hinauszutragen. Eure Gedanken dazu, wie man sie zu Papier bringen könnte, sind der Grund dafür, dass noch viel mehr Menschen ihre Beziehung zu Gott durch Gebet vertiefen werden. Ich bin auch sehr dankbar für Margot Starbuck, eine begnadete Autorin, deren eigene Worte nicht nur eine Wucht sind, sondern die auch meine verbessert hat. Danke an meine liebe Freundin Vornadette Simpson und die Volontärin Catherine Fitzgerald, die so oft über diesem Buch gebrütet haben, um sicherzustellen, dass der Inhalt exzellent vermittelt wird. Mein Dank geht auch an den Rest meines Volontärteams von 2020 – Brittanie Joyner, Dana Lapish, Debbie Mason, Deitra Baker, Kayla Thomas, Kristy Floyd und Marissa Moore –, das mir einige seiner eigenen Gebete geliehen hat, damit die Leser dieses Buches gut auf ihre eigene Gebetsreise starten können.

Mein Dank geht weiterhin an das Team von *Zondervan*, das die Idee dieses Projekts bereitwillig aufgegriffen und sich engagiert bemüht hat, es bis über die Ziellinie zu bringen, das aber gleichzeitig in einer schweren Zeit sehr viel Nachsicht mit mir hatte. Ich bin so dankbar für Carolyn McCready, Tom Dean, Bridgette Brooks, David Morris,

Trinity McFadden, Brian Phipps und den Rest des Teams, die mich alle ermutigt und unterstützt haben. Es war ein großes Vorrecht, mit euch zusammenzuarbeiten.

Mein Dank geht schließlich an meinen Mann Jessie und die drei unserer Kinder, die noch zu Hause wohnen – Tre', Kanaan und Joel. Ihr habt mir den Raum gelassen, dieses Projekt während einer der schwierigsten Zeiten unseres Lebens fertig zu bekommen. Ich bin dankbar, dass ihr ebenfalls so viel Nachsicht mit mir hattet, als ich versucht habe, anderen zu helfen. Es ist mir eine Ehre zu sehen, wie ihr heranwachst, und euch dabei zu helfen, dem Gebet Priorität einzuräumen.

Ein Podcast zum Ankommen.
Bei Gott. Und bei dir.

Gemacht wird der Podcast *Der Flügelverleih* von unserem
Verlagsteam. Autorinnen und Autoren, Musikerinnen und
Musiker sprechen über ihre Bücher, ihre Alben, ihr Leben
und ihren Glauben. Das inspiriert. Und verleiht Flügel!

Hör gern mal vorbei!
Überall, wo es Podcasts gibt.

Die amerikanische Originalausgabe erschien im Verlag Zondervan,
unter dem Titel „The 28-Day Prayer Journey".
Published by arrangement with The Zondervan Corporation L. L. C.,
a division of HarperCollins Christian Publishing, Inc.
Copyright © 2020 by Chrystal Evans Hurst
© 2022 der deutschen Ausgabe by Gerth Medien
in der SCM Verlagsgruppe GmbH, Dillerberg 1, 35614 Asslar

Wenn nicht anders vermerkt, wurden alle Bibelzitate
der folgenden Übersetzung entnommen: *Neues Leben. Die Bibel.*
© der deutschen Ausgabe 2002/2006/2017 SCM R.Brockhaus
in der SCM Verlagsgruppe GmbH, Holzgerlingen

1. Auflage 2022
Bestell-Nr. 817803
ISBN 978-3-95734-803-6

Umschlaggestaltung: Hanni Plato
unter Verwendung von Shutterstock
Bearbeitung: Nicole Schol
Satz: Greiner & Reichel, Köln
Druck und Verarbeitung: Friedrich Pustet, Regensburg
Printed in Germany

www.gerth.de